慢活出滋味

游乾桂　著

推薦文

慢活出滋味，日常即永恆

推薦老友游乾桂新書《慢活出滋味》

廣播電視主持人，作家 蔡詩萍

誰都知道「生年不滿百，常懷千歲憂」，是人生很無謂的負擔，但多數人還是很難看開，很難放下。

現實壓力一波波，固然是難以擺脫的生活鎖鏈，而人總有自己想做卻未必做得了的一堆願望，這裡「自我期許」一下，那裡「他人期盼」一些，也就很自然的，迫使我們成為追趕欲望的馬拉松人，終其一生，是在跑啊跑的，追啊追的！

有多少人，真能想開，放下，做個自由自在的自由人呢？但有的人確實是可以的。既然，天性不善與人打躬作揖，哈腰扯淡的，那要淡泊便淡泊到底吧！

陶淵明是這樣。乾脆就「不為五斗米折腰」吧！「採菊東籬下，悠然見南山。山氣日夕佳，飛鳥相與還。此中有真意，欲辨已忘言。」天地悠悠知我心。

也有人是原意想經世致用，卻命運多舛，一生被貶抑。但他仍然可以在逆境裡當自由人。蘇東坡是這樣。既然天意如此，我何不順著人生逆境，到哪都能安置自己的靈魂，見山是山，見水是水……

「村舍外，古城旁，杖藜徐步轉斜陽。

殷勤昨夜三更雨，又得浮生一日涼。」

信步行來，何處不可以瀟灑！天地悠悠我心自在。

我認識游乾桂至少三十年以上了。

他始終都是這樣。儘管他自己剖析自己，似乎他也有過許多人生的期待或想望，只是一路走著，愈發了解了自己是誰。但旁人看自己，總能看出另一些側面。我眼裡的游乾桂，自始便比我們那世代的一群人，更為「靠近自己的本心」。

他對世界的關懷，一直都是溫柔的。以他的善良之心，公益之情，動人之筆，從從容容的，在關愛著這個世界。

我們有不少共同的朋友。

起初，在起跑線上，大夥嘻嘻哈哈，把酒言歡，立志向前。第一個十年過去，有人很快得意，有人瞬間挫折了志趣。第二個十年過去，有人倦了有人惰了，有人得意忘形有人消蹤匿跡。第三個十年也過去了，疲憊中年，初老浮現，再回首，當年起跑線上的朋友，仍自由自在，仍相信人活著必有自己的天職，在天職的日常實踐裡，仍能仰頭呼吸自由，閉目傾聽內在聲音的，其實並不多了。而，我的老朋友游乾桂，卻依然是那個起跑線上，笑得悠哉悠哉的老男孩！我無法跟所有的人，談論他所有的著作。但，我在他的文字所觸及的題材上，卻始終有「他是一位日常實踐者」的深刻印象。

我們對生活最不切實際的想望，是以為「功成名就」是與「日常生活」切開的。於是，常常見到不少事業有成者，會在晚年懊惱自己失去孩子的成長，家庭的甜美，自己感動生活的契機。那是因為，他們都把追逐的目標跟生活的日常，硬生生切開了。

用哲學一些的用語來講，那是目的與手段的疏離，終導致我們一生懸命的緊張壓力。而我的老朋友游乾桂，他念茲在茲的，則剛好是，提醒我們：**人生目的，必要與生活手段，兩相契合**。

於是，我們方有守著幸福守著歲月的從容與自由。

慢活出滋味。日常即永恆。

游乾桂

慢日子裡的優雅生活：

序

慢慢的……活出有味生活

舊曆年前的一個天光初亮的早晨，我正在書房大書桌的電腦前埋首寫作《慢活出滋味》，窗前枝椏上隱約傳來吱吱喳喳的鳴叫聲，停筆凝眸，原來是一群十多隻的綠繡眼。

牠們在說什麼？

我聽懂一些鳥話！

其中一句是：不要太勤快，慢下來吧。

是的，人生百年爾爾，終究會到終點，快一點到不如慢一點，忙忙碌碌不如歡歡喜喜，我因而開始迷戀起海上的浮潛，有空檔便開車上高速公路，在暖暖右轉進到了東北角的地界，在龍峒、和美一帶停車，與一群老友忘了今夕何夕，桴浮於海上。

有一年夏天，翻騰出浪後，脫下呼吸罩，一個人緩步走向附近嶙峋的攀岩場，一時興起，徒手攀上，沒多久便攻上岩頂，站直了身子凝望遠方的海洋。

預備從原路下來時才驚覺來路太過陡斜，根本沒有著力點，強行會有危險，必須再往前從另一個方向脫困，但中間有一處寬約一公尺的懸空斷崖，無助跑線，只能立定起跳，滑行飄到對面岩塊上，但是年老體弱萬一過不去呢？下方是尖銳突出的岩石，大約十多公尺的高度，可能一命嗚呼，手機沒有帶在身上，簡直求助無門，我闔眼把人生用快板巡禮了一遍。

然後卑微想著生死由命吧，我決定提氣丹田放手一搏，蹦起，騰空，落下，一個踉蹌，雙手本能的牢牢抓住岩石，腳不聽使喚的開始猛力抖動，緩緩爬了下來，落地瞬間全身癱軟，鬆了一口氣，才發現雙手沾滿了被岩石割破皮膚冒了出來的鮮血，我活下來了！

如果萬一呢？

我因而開始思考：

汲汲營營是我要的人生嗎？

有錢一定幸福嗎？

錢可以買到一切，但買得到命嗎？

某日打開電腦，一則新聞馬上闖入眼簾：

作家林清玄在睡夢中過逝，這便是無常嗎？它往往快過明天，日修禪師因而提醒我們要把一日當一生來過，白天歡喜過，夜裡寄天真，不要有一天什麼都有了，才發現竟然一晃便老了；卻沒有真正過著自己心儀的生活，不知季節裡還有春風秋意。

看來人生最美好的不一定是最快的，慢火煮出好麥芽糧，醇酒同樣是用時間浸潤出來的，葡萄酒的價格來自年分，而年分便是時間，它給了酒的醇香，那是慢得來的。

這是一條沒有折扣的單行道，走過之後的路全部被塗銷，逝去

不再來，如此說來，金錢怎麼也不該是人生地圖中的唯一，它只是之一，工作之外還要有休息，偶爾停下，爬山、騎車、逛書店、溯溪、浮潛、聽音樂以及優閒的喝上一杯茶，「慢」下來，不要那麼匆忙。

富蘭克林說：「財富不屬於擁有它的人，它屬於懂得享用的人。」

奈森．威廉斯主張：「慢活不是一種風格，而是一種態度。」

這兩位哲人點評的應該是「慢活精神」，我只懂了七八分了，大約如同禪宗律令，吃飯時吃飯，因為生命無論如何拐彎抹角，都不可能回頭，只要明白這一點並且接受，人生就簡單多了。

張潮在《幽夢影》裡寫道：「樓上看山，城頭看雪，燈前看月，舟中看霞，月下看美人，另是一番情境。」

做到幾分？

或者依舊一如往常睡眼中出門，疲憊中返家，隔日又如法炮製……伊朗有句古老的格言：「疾馳的快馬，往往只跑兩個驛亭；從容的驢子，才能日夜兼程。」

是的，我們的確不該繼續當一匹疾駛的快馬，而是該扭頭停下成為一頭從容的驢子的時候了。

《慢活出滋味》出版了，感謝兩位從容的朋友：蔡詩萍為文給了醍醐味；陳瓔瑛辛苦拍出相應的畫龍點睛，讓書添光采！

二〇一九年元旦　寫於閒閒居之聽雨軒

目錄

第一章

慢下來，再慢下來

OI 開場語

慢日子的哲學宣言

法國作家波德萊爾說：「沒有一件工作是值得我們曠日持久的拚命，如果真的這樣，人生一定是夢魘。」

書的開場白我想先借用這句格言請你闔眼想想，再來回答我的兩個提問與聆聽兩個故事：

1. 你喜歡現在的生活嗎？若不喜歡，為什麼一直持續？
2. 即使你真的很有錢，但有閒過日子嗎？沒有！為什麼沒有？錢換不到閒？

大哉問！

我無法用一時半刻回答問題，所以想用一本書引證譬喻說故事與大家一起分享思考、哲理：

馬來西亞著名的景點雲頂高原，雲霧繚繞像一處人間仙境，前山是賭場，後山是別墅區，群聚一堆有錢人，他們買了一塊地，花了一疊錢，蓋起一間視野遼闊可以攬景的豪宅，專人照顧，主人一個月上山度假一兩回。外傭後來結婚，先生搬來同住，一起為主人打理，再後來生了孩子，成了一家三口的天堂，重點是：錢全都是主人支付的。

通往陽明山的那一條山路是仰德大道，右邊有很多華廈，有些還有游泳池，我上山教學時經常看見一個人，那個時間都在晨泳，有錢有閒真的羨煞人！有閒人是僕人，那主人呢？一早就出門囉，非常努力賺錢養他：「僕人」以及它：「房子」。

一直過著如同螻蟻般的金錢人生值得嗎？

以上兩個小故事給人什麼啟思，我反覆思考問題的核心是什麼？金錢嗎？或者金錢底下藏著的「快」生活？

快得了什麼？

我眼前馬上浮掠三種人：

一是咖啡人，忙到眼睛睜不開。

二是蠻牛人，不喝它根本沒眼睛。

三是牙籤人，沒有它撐住眼皮，張都張不開。

「時間總是悄然而逝的！」這句歐洲俗諺很適合忙碌無暇的現代人，

「珍惜時間」與「活在當下」並非什麼大道理，但多數人是老了才懂。

忙是為了貪多，但那麼多能幹嘛？

還是一天三餐，一個胃囊，吃下三碗飯，頂多睡著六×五呎的大床，夏天熱至多穿一、兩件衣服，難不成還能穿八件嗎？

我們是不是想要太多，但需要真的不多呢？

慢的童年

人生最快意在何時？無憂無慮的童年吧，釣魚，打球，騎馬打戰，扔土塊的童年，天下的事都是大人的事，干我何事？

童年早早不再了，我只能從兒女的身上再一次溫習年輕的樣貌。兒子一直是我的山友，有一回爬二格山稜線，他當時才小三，腳程比較慢，一直脫隊，我忍不住叨念幾句要他快一點跟上隊伍，他很有哲學的回我：「都會到的呀，急什麼？」

「急什麼」三個字如同暮鼓晨鐘一樣敲醒了我的快動作，提醒自己不要在文明轉盤上悄悄失控，忘了一天是一天，一月是一月，一年就是一歲，一歲加一歲等於老了。

我們不可能一直是少年，總會白頭的，坐在河岸上，我撿起一粒石頭擲出去，原來最高的那一點並非最遠，那意謂什麼？

義大利有句諺語：「人測算時間，時間測算人。」講的是時間與人的關係理論，用光了時間的人就沒有時間了，是嗎？我因而開始試算人生這題難解的數學，加減乘除，正比與反比，成就／親情／財富等等都羅列出來，一天只有二十四小時，如果我睡八小時，工作十二小時，就頂多只剩下四小時，我有空陪家人嗎？如果陪不了孩子，會不會錯過孩子成長中最美好的時光？我用二十四小時工作，但二十四減二十四卻是歸零。

演講結束後，我住進了東勢山中的一間觀星旅店，晚餐過後我在星空下佇足，我出了一個考題問自己：活著幹嘛？

靜觀天地

那一夜星空燦爛，我從一顆星、兩顆星開始數起，一百顆、二百顆……滿空星斗數都數不完，天文學家說看似有如恆河沙數的星河肉眼至多能瞧見六千顆，真實的銀河是一千億至四千億顆，銀河又有一千兩百億條，構成了偌大的宇宙，與之相比，人是這般渺小，我們不是唯一，只是之一。

工作的目的應該不是工作吧，而是換取美妙。二十一世紀進入4G年代，5G馬上到來，速度翻倍競逐，但是快速挪移之中除了速度之外，還有什麼？多少人懂得停下腳步做做以下這些美好的事：

靜靜坐在湖畔，看見一隻雁鴨從湖畔草叢裡振翅高飛而起，驚擾出一池泛起的漣漪。

側耳聆聽風吹樹葉，發出沙沙的音律。

定下心來仔細聆聽蟲鳴鳥叫。
側耳聽微風低語。
無所事事的坐在溪畔悠悠蕩蕩。
一壺水，一個自製便當，登頂標高五七六的皇帝殿，
凝視遠方。
擲出手上那粒扁平的石子，在河面上滑出完美的十二次彈跳。
在頂樓看那緩緩沉下的夕陽。
很有味覺的喝一口上好的包種茶，入口，在喉中翻騰，
逼出香氣，溢流回甘。
在書房帝凡尼的燈前，好好閱讀一本書的某一頁。
……

這些尋常簡單的事，在忙碌的快速度裡又有多久沒體驗過了呢？

02 文明中的失去與得到

「門前老樹長新芽
院裡枯木又開花
半生存了好多話
藏進了滿頭白髮

記憶中的小腳丫
肉嘟嘟的小嘴巴
一生把愛交給他
只為那一聲爸媽

時間都去哪兒了
還沒好好感受年輕就老了
生兒養女一輩子
滿腦子都是孩子哭了笑了

時間都去哪兒了
還沒好好看看你眼睛就花了
柴米油鹽半輩子
轉眼就只剩下滿臉的皺紋了」

陳曦作詞，董冬冬作曲的這首歌《時間都去哪兒了》我一直很有感觸，思緒不斷碰擊，我理解的不只是時間，還有時間下失去與得到的一切，包括親情與悔恨。

人生一直不是一件事，而是兩件事，如同德國的格言：「得到你想要的與享受你所得！」

生命的確短暫而且渺小，四十歲之後汽笛鳴起，加快速度往終站前進，這是不得不，無能為力的事，至於長生不老？那是秦始皇與科學家的事，我們最重要的格言是「活好每一天」。

懶惰與偷閒

富蘭克林強調：「偷閒與懶惰是兩種不同形式的東西。」

懶惰是一種無所事事，坐吃等著山空；但偷閒者不是，那是一種有味道的慢日子，在工作之外實施一種不工作的堅持，把得來的錢花在浪漫、優雅與色彩繽紛的正確道上，說白了就叫愛自己。

閱讀、走山、散步、騎單車、聽音樂、種菜、除草……這些忙裡偷閒的事兒充斥我的一天，有人問：時間哪裡來的？事實上我的一天也是二十四小時，只是學一個善用吧。

赫胥黎堅信：「時間最不偏私，給任何人都是二十四小時；時間也是偏私的，給任何人都不是二十四小時。」

他說出了時間的真實與想像，一套值得深思的哲理。

二十四小時就是二十四小時，它是不變的。

二十四小時裡發生了什麼事，它是變化的。

早上三點半醒來，做做伸展操，進到我的《讀書堂》閱讀一小時，再打開電腦，開始一日的晨光寫作，七點半關電腦上樓澆水，八點左右下樓拿出羽球拍，走路到運動中心對戰廝殺得一個汗流浹背，約莫十點離開，梳洗淨身煮午餐，睡午覺。如果無所事事，四點左右再出門散步，或者喝杯下午茶，聽聽輕柔的新世紀音樂，九點半十點夜該靜下來了，去找周公……

這是我慣常的一天。

七點鐘急匆匆帶著早餐走出家門到車庫開車，因陋就簡邊開車邊吃早餐，八點開早餐會報，九點開始忙碌的一天，午餐看著報表將究吃，晚餐隨便吃，一直忙到月明星稀加班到十點，隔天七點又出門……

這是我的朋友，一個科技新貴的一天。

我倆的一天都是二十四小時，但工作是友人的一分之一，卻是我的八分之一；友人是唯一，我是之一。

我得一個風花雪月，他得了一個忙得不可開交；他有錢我有閒。

誰像幸福者？

古文的一寸光陰一寸金太繞口了，白話的說法是我們只能活一次，所以應該愛惜光陰，真實生活，創造自己的存在價值。

我早看穿了生下來就有三千煩惱絲的人生只有兩條路：一，苦上加苦；二，苦中作樂。我選擇寵愛自己，如果工作是必要，快樂就是需要，文明科技化之後的快生活我無力改變，這個大宇宙靠的是金錢主義，我只能在大宇宙忙亂一陣之後回歸小宇宙，聽聽心裡的聲音，用清朝張潮的方式過活：

「月下聽禪，旨趣益遠；月下說劍，肝膽益真；

月下論詩，風致益幽；月下對美人，情意益篤。」

一輩子只有工作，真的滿可憐的，那頂多叫作工奴。

工作的使命應該是取得一張優雅的兌換券呀，我喜歡陸游的《小園》：

「小園煙草接鄰家，桑柘陰陰一徑斜。臥讀陶詩未終卷，又乘微雨去鋤瓜。」，因而想像他在和鄰家相接的草坪，桑樹和柘樹的濃濃綠蔭下，延伸出來的一條蜿蜒小路上，躺著閱讀陶淵明的詩集，尚未讀完一卷，此時，天空飄下細雨，便放下書卷，趁著雨勢變大之前，到園裡鋤瓜，真是悠然自得，那意境便叫生活吧！

這首詩我讀出兩層生活曼妙：「柴米油鹽醬醋茶，不可不要；琴棋書畫詩酒花，非要不可」，橫批：活得像人。不是不工作，而是有意義的工作。

我辦到了嗎？

應該只有七八分，努力中。

03

速度輓歌

歷史學家波拉德在一九六八年對文明提出了近五十年來人類依循的觀念就是「進步」二字，這主張把進步神格成了神話，相信它會帶來好處，但是當文明開始以迅雷不及掩耳的速度失控之後，科學家反而沒有那麼樂觀，他們決定把「末日時鐘」撥快兩分鐘，意謂著這五十年來人類科技的變化帶來的包括氣候變遷在內，已足以威脅到自身的安危了。

美國麻省理工學院的一批系統生態專家提出正式警告，點出了瘋狂成長所帶來的後果絕對無法想像，寶藍色的地球無論在資源的掠奪與廢物的排放都已處在大崩壞的上限了。

地球加速暖化已從極端氣候的頻仍看得出端倪，科幻文學家威爾斯的作品《時間機器》根本不是預言，而是真實推論可以預知的未來，他相信文明終將把人類導向催毀自己創造出來的文明的自殺路上。他的意思我懂，大約可以解讀成：聰明的人非常聰明的創造了可以自我毀滅的文明。

文明的確帶來了迷人的速度，什麼都快的進步文明，正快速啟動的卻是向人類火速追討的一部輓歌。

快其實未必快

去演講的途中，我上了高速公路，有一輛車從我的車左側切入，一溜煙絕塵而去，儀表板上顯示我的車速度是九十公里，那它呢？

大約十五公里後，開始堵車，我隨著前車緩緩前進，卻憋見躺在路中央破損的車子不就是剛才那輛閃電車，快不只沒有比較快還會肇禍，速度又有何用？

人生在我看來有幼稚的上半場與成熟的下半場；上半場的昏亂是該早一點結束，中場休息一下，接下來應該迎接的是曼妙的「下半場」！

若上半場用的是放，下半場應改成收，前者是加法，而後者則是減法，加加減減方可收放自如。

以往精疲力竭這件事可能發生在五十歲以上的人身上，而今早早在四十歲，甚至三十多歲，更有些二十多歲的男女便呈現疲憊不堪了，到底發生了什麼？

我對這種透支現象的描述是「失控」！

這是一個很有張力的名詞，表明科技這個載具未必是好東西，它只強調速度、起點與終點，但過程呢？

我的好朋友，荒野保護協會的創辦人徐仁修講過一個小故事，他曾在大雪山遇過一位我們共同的山友，這個朋友咻咻咻便攻上山頂，迅速拍好了照就預備下山了，像一陣風，彷彿插旗人，而同時出發的他卻還在半路上。他說那位山友看見的是山名與標高，而他看見了精采。

這其中的義理我懂，現代人應該也多半如是，只是急著到站，又趕著再去下一站，反而忘了站與站之間的風景。

研究調查指出，號稱懂得休閒運動的美國人，仍有五分之一的人對休假不知所措！這代表什麼？停不下來？工作上癮？

即使休假，也是離不開電腦，手機、臉書、line與IG，從不關機的一天二十四小時叮叮咚咚，人生悄悄被偷竊。

這麼忙的年代，誰真正活得稱心如意？

這是答案：

累到倒頭就呼呼大睡。

白天咖啡，黑夜濃茶。

容易有焦慮、緊張、暴怒等情緒現象。

無法解釋的全身肌肉無力與痠痛。

出現健忘、記憶力衰退、憂鬱、無法集中精神等症狀。

睡眠障礙，包括嗜睡或失眠。

這些字眼一聽便知是「疲倦症候群」的前兆，它也一度發生在我的身上，馬不停蹄的把美麗人生轉成了風火輪般，天天快攻上籃，誰踩過人生煞車呢？

金錢的貪求慢慢成了一種是原罪無誤，但「錢萬能嗎？」

它的確有價好用，可以兌換房子、車子，但也未必完全暢行無阻，它就不能換到快意自在，屋子裡的柴米油鹽，錢多半能解決，然而屋子外的風花雪月，金錢決定不了。

唐代歐陽詢起草的《季鷹帖》：「因見秋風起，乃思吳中菰菜鱸魚，遂命駕而歸」，之所以迷人不是是那行雲流水的書法，而是那種更有味的生活態度，錢還是買不到。

高速度這件事確實漸次成了品味的元凶，高鐵的時速三、四百公里，讓台北、高雄變成一日生活圈，原本用慢得到的風情成了兩個站之間的光點，漫漶模糊。

北宜公路是我早年回家的思鄉之路，從新店入山，開始九彎十八拐，快不了就慢慢開，累了就停，成了一種必要，後來成了一種習慣，停在坪林不只歇息還用點餐，在跑馬步道的石牌停下是為了吃一粒將軍茶葉蛋與微辣的八寶湯；由頭城離境下山回來員山，偶爾坐上火車則能過山洞聽見水珠落下的「丟丟銅」，出了山洞看見龜山島便是宜蘭了，這樣的旅程是有故事的，而今全部消失。

速度的本意是節省時間，但卻適得其反，北宜高開通之後，假日返宜的速度並未變快，雪隧成了大型停車場，悠閒的蘭陽平原，因它成了浮誇的宜蘭，在地人的災難。

速度快還有一個壞處：容忍不了慢。

水淹台北的那一年，電梯故障，報載很多人說沒有電怎麼上樓，彷彿死定了！我記得小時候也常停電，我們是點上燭光，出門探險去，怎會讓人添得了怨，忘了慢的好。

清晨醒來，你做的第一件事是什麼？

我猜想，答案不會是深情的翻過身去摟摟共度半生的伴侶？而是看看手錶，心想幾點了？

拉開嗓門，叫醒了大毛、二毛、三毛，嘴裡不斷嚷著快快快，再快一點，快遲到了，把孩子一個個送出門上課，自己再火速梳洗、換裝，用百米速度快走到捷運站，或者下樓進到車庫開車，啟動忙碌的簾幕，即使不加班，接完孩子回家用完餐都可能已經晚上八點了，如果孩子還去補習，寫完

功課多半凌晨，快節奏彷彿操偶者，教我們演出「傀儡人生」。

何妨轉個念

我練習抵制快節奏生活有段時日了，而且頗有成效：

停一下

當我忙得不可開交，累到半死時，找一天停下來爬山、溯溪、浮潛，但老有人感嘆：「老師，事實上沒有幾個人有你的專業與能耐！」

這與專業何干？我不過是停下來，讓

自己喘一口氣而已，難道要對自己說：管你去死嗎？

錄完電視節目後，我常不急著回家，在附近的一處骨董市集裡流連賞物二小時，停一下，帶著美的感覺回家，即使什麼都沒買也很開心。演講回家若是傍晚時分，夕陽準備西下，我也會停下來舉起相機拍幾張黃昏美照，停的功能如是而已，它讓我看見了美。

拐個彎

錄完林書煒的節目我走出錄音間深呼吸一口，直走杭州南路，下地下道便可搭上捷運回家，但我選擇轉彎，進到小巷弄，沿途看見一整排即將改建大樓的紅磚牆，雀榕長在夾縫裡，白頭翁在樹上低鳴，這是台北，如假包換，但我卻因為佇足流連，遇見浪漫。

慢一點

夢想是一直走就會到的地方，很多事不急，一定會到，事緩則圓；一定要吃飯，何不慢慢吃；一定要洗澡，何不慢慢洗；一定要……死，何不過盡千帆再慢一點死。

慢食，慢行，慢生活，不是刻意形塑的慢日子，人生本該如是，我們夠忙了，慢一點何妨。

是的，很少人可以一早醒來甘露未乾之際，為自己泡上一杯茶，坐在一座大城市的一個小小角落，讓時間慢慢滑過，靜靜的聆聽晨風、鳥的吟唱與破空而起的第一聲街車壓過馬路的音律。

那就做吧！我是說做就做的行動派，喜歡拍日出，臉書上的相片都是我打開門，上了樓，往東方一看，晨曦正出山頭拍下的，但常有人問：哪裡拍的？他們以為玉山、合歡山，或者追鹿古道吧，非也，用心就拍得到，但用心在速度的世界已然好難得。

快真的不好，頂多唯一保證可能是：見閻王比別人快上一步！快也許可以得錢，但慢能得全世界。

04

生．死．慢哲理

「為了解人生有多麼短暫，一個人必須走過漫長的生活道路。」

叔本華的這句格言對我來說不算精準，我一出生便了解人生短暫了，員山第一公墓離我老家員山家最近，往前數百公尺就是著名福園，媽媽在此圓滿人生的最後一里路，肉身進入一千二百度的烈焰之中，頃刻化成了灰，及一些細瑣足以留念的骨頭，彷彿人間蒸發。

公墓荒塚離我家步行大約只要十分鐘，它是一座山，藏了很多孩子們的嬉遊場域，有一棵高大的龍眼樹筆直的向天生長，由於沒有足夠支撐我們重量的枝幹，即使年年結果纍纍我們也只能望而興嘆，最後想出破解的方法：竹竿＋菜刀＝摘龍眼利器，終於割下一串串甘甜的龍眼。墳墓最合適玩躲迷藏，剛剛撿骨不久的墳坑，頑皮的孩子躍了下去，輕輕拉上腐朽的棺柴板便成了最佳躲藏的地方，誰也找不著或者根本不敢打開。玩累了，已近天黑，得意洋洋爬了出來，往左一看，另一張墳上的相片正冷眼向我望來，這一刻多少還是會打哆嗦，嚇出一身冷汗。

越過墳的另一頭還是墳，但有一個山中湧泉積成的湖，魚產豐富，有可以炸來吃的小魚，也有可以賣錢的鱺魚、鰻魚，還有躲在垂下的竹葉旁好吃的蝦子，偶爾會看見一隻悠哉遊哉的柴板龜，在水中一浮一沉，好優雅。

離墳太近，「怕」字來不及知道怎麼寫便忘了。走上樓，站在屋頂上往東方的位置望去的山頭盡是墳，那便是我們的鄰居吧，村子裡的人自稱遇鬼、見鬼、與鬼一起吃飯都不會有人說是假的，見慣不怪了。一年三百六十五天之中，總有一、兩百天是好日子，吹鼓誦經由我家一個轉彎沿著河到了山邊墳頭就是亡者的新家，送行一事一直在生活中發生。太太一度以為我是天生大膽，其實一點也不是，只因那是我的環境，出門進門盡是生死門，若是怕著，該如何生活呢？長久下來養成了我獨特的生死觀。

生死一線，把握當下

墳墓邊住久了，坦然以對成了一種性格，在我的眼界裡幾乎天天都有人從世界消失，他們從我家經過，埋進不遠處的黃土堆裡，我確曾想過，這些

人真的消失嗎？去哪裡了？還會回來嗎？為什麼有生還要有死？死了就一無所有嗎？

只是小小的年紀，這些胡思亂想一下便又拋諸腦後，忘得一乾二淨，一個揮擊正中球心，硬生生飛出全壘打牆外，開心跑壘回來得到夥伴們擊掌慶賀，就可以把愁煩之事一併敲到九霄雲外。直至上了鎖的童年被忙壓到無法喘息，有一天再度解鎖之後，才慢慢重新啟動有味道的人生。

年紀漸長，參加的婚禮少了，喪禮多了，這些生死哲學才又上了心頭，那一年大約近五十歲了。

以前即使很常看見送葬的隊伍從家門口經過，但我只是旁觀者非送行者，年過半百之後，開始有了《送你一把泥土》的作詞人涂敏恆老師當年訴說的嗟嘆，誰比誰先走都變得很不一定了。這話說沒多久，他就因為一次大車禍往生了，活生生見證無常。第一次扮演好友的送行者也是近五十歲，好友比我小七歲，很年輕，的確，誰比誰先走都不一定！

他在往生之前有過一段很長的日子，為了繳豪宅的龐大貸款，輪流在三

個工作中打轉，白天接了黑夜，小睡一會兒再上工，月亮有時被他誤認成了太陽，最後他比我多了一倍財富，但少了一倍生命，只有四分之一的美好，這樣是否是好？

我們在此轉折，他快轉人生，我選擇了慢板，凌晨三、四點，他們還在喝著小酒的候，我已醒來寫作。夜生活成了我的絕緣品，宵夜免了，小酌免了，我的夜變成星月的，每一天都過得很充實。

前世今生

一位好友說自己有通靈體質，能看見

前世今生，鐵口直斷說我的累世之中有一世是宰相，是嗎？很假，但聽起來的確會使人心花怒放，其實我不是完全不信前世今生，而是根本記不起來，信也無用，存在亦不存在吧！

有一年我們全家到峇里島旅行，其間遇上送葬隊伍，導遊神祕兮兮要我們觀察他們的表情，都是面帶笑容彷彿婚禮，視死如生，在他們的教義裡死亡原來是重生。

西藏人也是相對不怕死的，因為他們相信轉世輪迴，死亡不過是肉身離開，但靈魂則升上天等待或者找尋新的軀殼，空殼的肉身用「施捨」的形式，交給飢餓的老鷹食用，這便是「天葬」，鳥只是人與天之間的媒介，用以執行「轉生」的儀式。

為了避免死者迷戀紅塵，會預先用一條叫「結界」的白線，隔開住家和寺院，接下來便是肢解，由幾隻大老鷹合力完全讓「遺體消失」的任務，之後慢慢復歸平靜。西藏的天葬非常立體寫實的替我上了一堂快板的人生課，人生如一種來去，又沒來沒去。

存在要存在

存在主義的大師海德格說：「人生是向死的存在！」演示的哲理應該是：現在就是永遠，活好每個當下吧！死亡甬道，由於我提早遇見，因而知道人終究難逃一死，但真的未必懂得人生的意義究竟為何？該用什麼形式面對生活？我們沒有預期的領了這一場活著的入場券該怎樣演出自己的角色？

這些年我有如禪宗的三段式開悟，從見山是山迴繞到見山還是山了，打開心房，超脫生死，慢慢把悲劇演示成了喜劇。我找著最好的方式就是慢，慢一點，再慢一點，都會到終點的，那麼快幹嘛？

第二篇

錢的優雅學

一開場，我想先說一個19歲的人中了四億，人生過得像四塊錢的故事！英國《太陽報》報導，這個小夥子叫卡羅爾，中了四億，一夜致富後便起動了他的荒唐人生，經過十年糜爛的生活，人胖了幾十公斤，但錢卻少到一無所有，最終宣告破產。從一個人人追捧的億萬富翁，變成過街老鼠的窮光蛋，連方圓數英哩的每間酒吧都禁止他進入。

他的豪宅早成廢墟，落魄到要領救濟金度日，如今他到蘇格蘭租了一間每個月五百英鎊（約台幣二萬元）的小房子，做著運送木柴和煤礦的工作，每天早上六點開始工作，要工作十二小時。

現在的生活是每天十英鎊（約四百零六元台幣）的體力活，雖然辛苦但卡羅爾竟沒有怨言，偶爾獲得小費還會感到開心，他告訴媒體：「生活不僅僅是金錢，還有快樂！」

失去了車子和房子的卡羅爾反而滿意目前的生活，讓他感覺前所未有的滿足：「破產是發生在我身上的最好事情，相信我，我玩得很開心。」

他的人生起伏的確很有哲學，值得認真的好好想想。

林語堂在《人生不過如此》裡寫過一句話：「我們最重要的不是去計較真與偽，得與失，名與利，貴與賤，富與貧，而是如何好好地快樂度日，並從中發現生活的詩意。」

詩意生活？

在金錢遊戲綁架你我的人生之中，詩意生活是否早已漸行漸遠了。我聽過這樣的說法，努力工作賺錢的目的是為了擁有自己的一間房，但買房之後才發現得到的是災難，賺得更多，時間更少，錢全進了銀行，他便很少看見錢，而且用得更少。

朋友是「不購屋族」，但會把租來的房子打扮得漂漂亮亮，純白的地毯，鬱鬱蔥蔥的綠色植物，帝凡尼的落地燈，充滿風情格調。

他最常聽見友人傳來這樣的酸語：「又不是自己的房子，幹嘛花大錢把它裝修得美美的，你不覺得虧嗎？」

「要是我就肯定不會這樣，萬一房東突然毀約，要把房子收回去，那豈不是白費功夫了。」

友人淡然：「房子是租來的，但生活不是租來的。」

太有味道的一句話，這些年來我反覆思考其中的深意，他換過幾個地方，都用同樣的心思營造，講究精緻，最後連房東都捨不得他搬家。

人生真的不過如此，想得通方有味道，終有一天會失去所有的支配權，財產成了遺產，一切灰飛煙滅，但在成為事實之前多數人仍想不透，一生只為了一棟樓快轉生活，終日忙碌，喪失自己，一成不變，晦暗無光；即使真的擁有了房，大約的功能也不過是吃飯睡覺打東東的地方，離自在好遠。

一粒米的事，我們卻把它想成了天大的事，設下一條難如登天的路程，卻又擺上了巨石，翻山越嶺，即使走得到也疲憊到不行，連停下來與家人吃一頓熱騰騰平凡的飯菜都很難得。

父親那個不方便的年代，做一頓飯至少要一、二個小時以上，到山上撿拾柴薪，用火柴起火，把臉燻成黑色，需要水時得走一段長路或者翻山挑下一桶更甘甜的泉水，路上隨意摘一簍野菜，捉上幾條魚，如是大費周章卻是一臉滿足，夜裡一家人在一起大快朵頤一番，而今想起來簡直是神話了。

三十年前的每一頓飯，我們都花了洪荒之力，只為了那麼單純的幸福，而今一台萬用微波爐便可以煎煮炒炸烤，省下的時間卻用來開工找錢，找著了再用來還錢，或者進入電子化的迷炫世界，用光了節省下來的時間。

即使因而添了幾個錢，但卻生活粗糙，吃住隨便可又氣派，落得永無止境的盲目茫然，捫心自問：這真的是我們想要的生活嗎？

憑良心說，我滿怕「高CP值」四個字，怎麼聽都很像天上可能掉下的禮物，然而我們不讓商人賺錢，商人吃什麼？三九九海鮮吃到飽，吃下的便可能是冷凍三百九十九年，入口即腐的海鮮「遺骸」，而非食物了！愈是快速的年代，我們愈在創造一種雙輸吧！

羅丹說：「生活中不是沒有美，而是缺少發現美的眼睛。」

是啊，我們要發現，但誰真的發現：財富與優雅生活之間的敵對關係？

01

金錢的醍醐灌頂

慢日子的最大敵人永遠是錢，它不是萬能，但沒有它會萬萬不能。錢最差勁的樣子是：掠奪。

陪好友走完人生最後一程，塵歸塵，土歸土之後，我選擇一個人獨行離開，沿途思考他的短暫一生，總結：「什麼都有，就是沒命」，但沒了命卻也就什麼都沒有了。

中央印製廠印製出來一張一千元的大鈔，圖像是兒童，這是對比還是寓意呢？

它是一組數字，也可以是一種魔法，以「用」這個字來決定。一杯無糖咖啡才三十五元，老闆還找我九百六十五元，我拿著它停下車，走在山間小徑，這是價值；這一千元我買不到蘋果手機，即使買了還是欠一大筆錢，我可以吃一頓大餐但吃完之後什麼都沒有了，因為那是價格。

我們常陷在金錢的陷阱之中，買一本書說很貴，但買一件打折的名牌香水卻說很便宜；與賣菜維生的窮老伯伯殺價五塊，但一個轉身浪費了一百個五元。五百元可能是那個人的小錢，但五元卻是老人的大錢。

金錢的「保鮮期」真的不長，但常被忘記，斤斤計算還是只有一輩子，因為沒有人能證明我們有來生，我們要的是「需要」，不是「想要」。

錢藏悲劇

「錢不好好用就是悲劇！」這句話是巴菲特說的，他認為助人為快樂之本是錢的最美好用途，工作賺錢天經地義，它是成就，有錢助人是慈悲，這樣的人會讓工作變出意義，有了意義之後，雖累就非累了。

我是一介文人，沒當過官沒有機會貪汙，半生全靠自己一個人，用演講與寫作的形式持家，金錢財富是我最微不足道的項目，任何一個商人都比我有錢很多，理論上我不合適財施，最可勝任大約是法施，但富有的人錢是我的十倍、一百倍，做的善事可能只是我的百分之一。

有位朋友說要捐錢給我做送書去部落學校的「善念基金」，二十萬元不是小數目，但問我有無發票？我回說沒有吔，他便打了退堂鼓，可是我截至

目前為止陸續捐出的錢早逾這個數字，也沒有一張發票憑證呀！因為我們在行善，富人想的是節稅，如此一生算計會不會是悲劇？

錢也是喜劇

二〇一七年我在馬來西亞的古法田園開辦一個美好生活工作坊，其中有一堂課是教作漂流木藝術品，這是我的教育與生活之外的另一項技藝。我邊教邊做，試做了六、七項漂流木作品拍賣，最後連同一些善款，我們得了一筆只有六萬元的小錢，但卻換成一千本繪本，送給老撾的孩子。在泥濘地，草屋築成的邊鄉小學教室中，他們讀出兩行淚，包括老師在內，全是第一次擁有繪本。在這一刻我對金錢的理解心情完全與孫叔叔去異域當義工時心境轉折一樣，是啊，看看別人，想想自己，就知道自己多麼幸福，不要忘了我們都可以送人幸福。

許是演講的機會促成了因緣，我常有些動人的偶遇，一位爺爺帶著孫子聽我演講，會後買我的《古拉生命教育繪本》送孫子，書價一千元，但爺爺只有七百二十元，我二話不說告知剩下的我出，我們一起送，爺爺因而笑出燦爛。

我喜歡上菜市場，奶奶結帳時少了三十元，掏出千元大鈔老闆找不開，我適時遞出有如橄欖枝的三十元解圍，奶奶笑得合不攏嘴，說會還我，但我們素昧平生，轉身未必會再偶遇了，這就是錢的意義吧！

我常常思考一件事：如果那個才華洋溢的藝術達人是我自己的孩子，但苦無通路行銷，我會希望別人怎麼做？

如果不善待與我們擦身而過的人，別人又怎麼會善待我們？我喜歡幫助人，並非我有錢，但是一旦遇上執著有夢想的創作者，經濟無愁卻稱不上寬裕的我，常常會因而衝動掏錢買下藝術家們的創作，支援的是他們的夢想。

有錢也得有閒

「怕黑就開燈，想念就聯繫。今天再大的事，到了明天就是小事；今年再大的事，到了明年就是故事。我們最多也就是個有故事的人，所以，人生就像蒲公英，看似自由，卻身不由己。有些事，不是不在意，而是在意了又能怎樣。自己盡力了就好，人生沒有如果，只有後果和結果。」

這是我在《天下雜誌》看見的一段話，非常喜歡就把它複製下來了，人生真的沒有如果，也不會早知道，所以要懂，錢是閒的好朋友而已，有錢沒閒，人生不會是有意義的事，被錢綑綁，過不了關卡，怎能輕安自在？

沒錢萬萬不能？多半只是忙碌的一種托詞，金錢在我的想法中一直有五種內裡：

賺來可以供人使用的叫作：錢，它會是人生最美好的兌換媒介。

賺來藏了起來，死也不用的叫作：紙，適合當壁紙來貼。

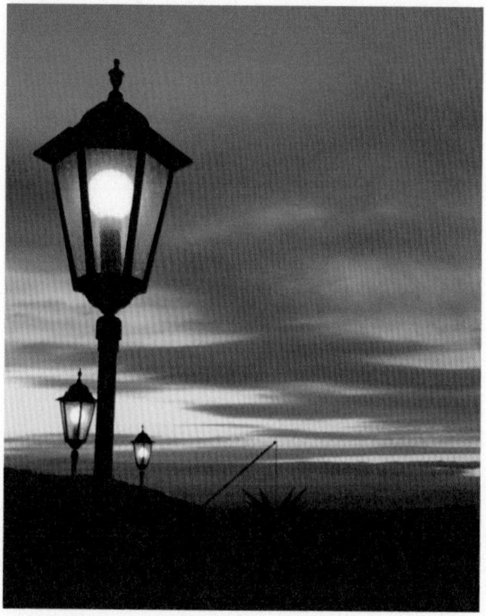

一疊疊在銀行匯進匯出，只是：數字，只有多一個少一個零的差別。

賺到子女不知有錢幹什麼，只知爭，那麼錢便是：戰爭，為了錢難免殺紅了眼。

最後油盡燈滅，白花花的銀子成了一堆燃燒的冥紙。

你賺到的錢屬於哪一種？

有用或者無用的？

賺到了錢或者價值生活？

培根說：「金錢是好的僕人，卻是不好的主人。」

但是我很想反駁培根，金錢可以是很好的主人，也可以是很好的僕人，端賴人如何駕馭。

02

偷閒學少年

心理學有則研究指出，人生最快樂的兩個點是二十三歲與六十七歲，二十三歲剛出道未遇風浪該樂，六十七歲人生轉了一甲子，懂得本來無一物何來惹塵埃的禪意了，所以言之有理。

不只二十三歲，在這之前大抵是我的少年時光，應該都很美好，即使當年家裡務農，靠溪邊有一、兩百畝的竹筍園子，離家約十公里的山裡頭有半山的橘子園，還有金棗、李子、桃子等等，我必須在風中雨中，與家人一起忙於這些農務，體力上或許有些消耗，但大抵而言仍算是無憂無愁，錢與吃依舊由他們負責操煩，我確實毫無作為，過著飯來張口的日子罷了，與中壯年之後勞心勞力掙一口飯相較，還是少年好。

「雲淡風輕近午天，傍花隨柳過前川。
時人不識余心樂，將謂偷閒學少年。」

這是程顥的《春日偶成》，我喜歡那一句「偷閒學少年」，人彷彿到了

一定年紀，對它便有了不同的理解。我的古稀醫生友人有一年和我一起溯溪時，在中段一個小潭前停了下來，我們脫下厚重的背包，縱身躍入池中游泳，半小時後起身用完午餐，躺在溪中岩石上小憩，他有感而發，脫口說出這首詩話。

人生確實如此，懂了忘了，忘了想懂，明明當下最美，但都得等到過盡千帆，老了才明白英雄原是悲歌，爭奪一生換得的盡是一個「累」字，少不更事的少年最美好，最後長嘆一聲，一個「憾」字，很想回到少年時。

發出偷閒學少年哨嘆的那一年，友人正是六十七歲，當下他應該是想到二十三歲時的自己，有了再年輕一回的想望吧！

如果人生之中出現貴人有大師提點，早一點通透義理，會不會三十五歲，四十六歲，五十七歲歲皆可以很快樂呢？

朱熹的「半畝方塘一鑑開，天光雲影共徘徊。問渠那得清如許，為有源頭活水來。」某種程度指的也是人生，源頭都是清如許，卻都等到身體疲憊才想念那個活水源頭。

是啊！少年多好，至少煩惱無用，無用煩惱。

二十三歲我在做什麼？應該是初入社會的第一年，那一年長弓出版社為我出版了第一本書《心理的掙扎》，預知我會成為紅火的作家，可是前一年，甚至前兩年，我參加文學獎比賽連入圍都沒有，全部落空，老闆若知道會是怎麼看的？可能重新評價嗎？或者一如往昔堅定？總之，他的鼓勵之語像極了教育學上的「比馬龍效應」，說我會紅就是會紅，這件事我一直永銘五內，當成伯樂般的心存感激，我不是英雄，但他的確具有慧眼！

當年就一個初出茅廬的少年而言，出版書不過像一個夢，一股腦兒的寫，沒有什麼掛念，出就出了，銷量、打書、上節目好像都不在行程之內，賣不賣座也非我的事，老闆承擔一切，我照樣吃住睡領版稅，世界與我無關，二十四歲之後，世界開始與我有了交集，煩惱心慢慢蓄積起來。

二十三歲與二十四歲一歲之差，人生卻起了風雲。

爬樹的記憶

「老師，你爬過樹嗎？」

演講過後主辦單位安排我住在山中民宿，主人在傍晚突然問我這一句話，我初聞愣了一下，繼之大笑出聲：「當然，我的那個時代，爬樹是全民運動！」但真的很久沒爬了。

主人指了指門前的那一棵高大的榕樹，樹下擺了一張木製凳子，示意我可以站上去爬上枝椏，坐在最高點的那根枝幹上，環目四顧城市風景，那一年我未半百也未花甲，但手腳已不復以往俐落，很努力才往上爬，終於到達樹頂，用這個視野看看樹梢、樹葉、樹冠與樹幹的確有所領略。

坐在樹幹上，我忽而想起老家附近以前也有的一棵大榕樹，我們放學回家後書包一扔，便在樹上樹下嬉遊一個下午，爬樹、盪鞦韆、玩家家酒，夜

裡如果幸運，阿狗伯沒有喝醉，我們還可以圍成一圈聽他的鬼故事。

這棵大樹只差沒有蓋上一間樹屋，離開故鄉念讀大學，成家立業，次次回回返鄉，都忘記在樹下停留一下與它重溫舊夢，再度想起它時，卻遺憾的已遭砍伐，少年時光也跟著覆滅。

兒時的記憶隨著忙碌潛入了潛意識裡，不僅逐漸消退，真實的世界裡爬樹的行為也很難復見，少年上樹為玩樂，中年上樹是取樂，老年上樹是哲思，這一次上樹頂才慢慢懂得人與樹木的關係，不由自主質問自己：「我對樹木的情感只是一種少年美好的記憶？還是像鳥兒一樣對自己翱翔的那片天空的渴望？」想起這些美好過往的時候，我真的早已不是爬樹的少年，成熟多了，懂得在樹上闔上眼，靜靜丈量的是生命的距離，但卻也多了後悔。

星期二的浪漫

慶幸自己覺醒得快，早人半步想起偷閒學少年。

但為什麼是星期二？我也不知曉。

友人找我一起爬山的那一日定在星期二，溯溪的那一天是星期二。浮潛還是選在星期二。

後來很多年，我的公休日便成了彩麗的星期二。那一天我慣性不接演講，有時候只是走走，早上從社區出門，往山路野徑晃去，最常被碰到的鄰居問上一句：「今天休假嗎？」、「退休了嗎？」

更好事的人會說：「你好有時間喔。」

是嗎？其實人生應該一直停在二十三歲那個快樂少年才是美的吧！

成名這件事的確會讓人少年老成，一旦成了名之後，連過年出門逛街買年貨也會被認了出來；或者正在用餐，有人走過來，問你是誰，承認或不承認都很怪，因為我在吃飯，嘴中剛塞入十根麵條，事事不方便又不想隱姓埋名的矛盾正巧說明人生，世界就是公平，有錢的沒閒，沒錢的有閒，點出忙裡偷閒才是學問吧，如此一來人生中才會有以下的曼妙：

發現花園裡驚見飛舞的蜻蜓，
邂逅一隻築巢的綠繡眼，
凝視紫背草的花，
秋天結果纍纍的金棗的果實，
再飲下一杯香醇的花果茶。

只是父親那個年代，生活好像不必那麼費事，一直就是這個樣子，像隻優雅的貓，天天少年有著餘暇時光，偶爾把時間停了下來，鎖住它，沏上一壺茶，在徐徐風拂的稻埕與鄰居於風中閒聊，我們與他們相比更像嗡嗡嗡的蜜蜂，賺得多但花得也多，總結是白忙一場。

人生這套劇本本來就是悲劇，但希望我們可以扭轉乾坤演成喜劇，然而多數人依舊執意的還是把它演成悲劇。

03 活出身價

人生沒有一種節奏是真理，快與慢都是一種選擇，快用在工作效率是好的，但用來生活就會是辛苦的。

醫生友人的診所門診時間從早上九點開始，預約的病人八點多就在等待，十二點多結束上半場，用餐休息，三點鐘開始下半場，七點是夜場，躺在床上應該是午夜時分了吧。小憩一會兒，明天繼續看診，如此周而復始，一年度過一年，「年年歲歲花相似，歲歲年年人不同」，執業三十多個年頭，鈔票數不清，但這是喜劇？或者悲劇？

我問他覺得自己像什麼？他答得很明快：「陀螺！」

我再問他：「想出去動一動嗎？」

他想都沒想就說：「不想！現在只剩一口氣，怕上不來，掛了。」

我因而想起一則禪宗公案：

禪師告訴求財者，向前跑，日落之前能跑多遠就跑多遠，兩點之間畫一個圈圈，裡面的土地全部歸他。求財者喜出望外一直跑，暮色已沉，他還想再跑

一點，多出一筆土地，最後氣喘噓噓奔回，終點前嚥下最後一口氣。

收屍人草草將他埋了，不免嘮叨：「才五尺大，要那麼大的地幹嘛？」

那是腦袋清明者的想法，多數人的人生不是四季分明的節奏，而是按表操課，白天黑夜只是一種光影的流動，日子過了，錢多了，人老了，很少聽見鳥鳴的天籟，歲月催人，慢慢的慢慢的驚覺到：以前能做到的事慢慢做不到了，摘月行動的雄心壯志轉折成了悠閒吃下月餅的曼妙動作。

春天，紅的、綠的、藍的、白的、紫的……繁花盛開，爭奇鬥艷。

夏天屬於鬧的，騷蟬嘶鳴，鳥兒啁啾，甚至颱風來湊湊熱鬧。

秋天用蕭瑟上妝，雨聲淅瀝，春芽落了，等待下一季的復甦。

冬天隸屬於蒼白，大地封凍般，所有的東西全躲藏了起來，人也包得緊緊的。

這是律令。

王維的「人閒桂花落，夜靜春山空。月出驚山鳥，時鳴春澗中。」

這是節奏。

律令調度出的節奏，才能打造合宜生活。

作與休應該有一條涇渭分明的軸線，白天當的是員工，夜裡我演主人，收入可能因而少了一點，但消費少一點，兩相加減也是無差。

轉個彎看見美好

有一天，兒子陪我演講回來，大約中午時分，我們買了兩個便當，轉個彎進入山區，沿著崎嶇的路上山，在一條清澈小溪旁停了下來，走進城市農園，選擇兩個河中岩石，坐定下來用餐。飯後兒子嬉遊我小憩，醒來再陪他撈蝦，我找石，意外找著似野柳女王頭與台灣地圖的石頭，倆人因而喜孜孜回家向人炫耀。

從此之後，我像開了竅一般，演講再也不是工作，而是閒行，偶爾留下來過夜，讓主辦人帶我走訪附近的貓村，參觀好友賴榮孝在嘉義的樹蛙農場，去屏東高樹看看善導書院的鳳梨、院長與那群孩子們，如此一來，我的演講也有了自己的慢節奏，一次次羅織出一段段有趣的記憶。

辛棄疾《西江月》的意境而今我真的懂了：

「萬事雲煙忽過，一身蒲柳先衰。而今何事最相宜？宜醉、宜遊、宜睡。早趁催科了納，更量出入收支。乃翁依舊管些兒，管竹、管山、管水。」

快慢有時只是幌子，不貪才是安心法，慢下來未必是靈丹妙藥，不一定會更有錢或更富有，但一定會有自己的人生節奏。

我是快的性格，但一直用心練習「慢」的風格，寫作不再是春光乍現，一炷香三千字的按鍵，而是鑿一口深井，湧出汩汩不絕泉脈的歷程，慢才可以慢慢磨出哲理，讓讀者喜歡。閱讀宜慢慢，字裡才會有乾坤，人生才會有義理，才能明白山巒、茶樓、咖啡屋，無一不是老師。什麼都要，人生就一定沒什麼節奏了，會被錢拉著走。

不一樣的數字

三萬
二萬
一萬八千
一萬五千
一萬二千
八千
六千

這些全是我的講師費用的價碼，如何選擇？以前用價格，現在用價值，表明喜歡聽我演講的去，偏鄉的去，要求我帶上自己作品的去，懂得陪我附近走走看看的，錢少也去……反之斤斤計較，不准我帶書，要我別做生意，講師費再高也不去。

媽媽在人間的最後一里路我妥適完成之後，接下來是遺產的過戶事實，共有五十一筆，但總合起來是一座山的十分之一，與一百多欉的竹筍園，前者的市價約二百萬元，後者有三百多萬，我與弟弟承繼了沒有用的山，值錢的竹筍園過給為家辛苦半生的大哥，辦理的一切費用全部由我一個人支出，給的與付的全是白花花的銀子。

但親情比它值錢。

我在新店的工作室依山而建，綠色廊帶青翠可人，一直是我寫作的地方之一，階段性任務完成之後準備出售，來了一對年輕夫妻，喜歡極了但自備款不足，問我可否便宜一些，我考慮了一下，二話不說用低於市場行情價三十萬左右的價格交到他們手上。

差異的數額還是錢，而且是我辛苦所賺，是我按月勞退的一萬五千元的二十倍，不捨但捨。

這些金錢在我的身上慢慢變成了一種轉念，我的基因中本質上有一成是郭靖，就事論事，在意小事；但有九成是周伯通，自在幽默，雲淡風清，大事是沒事，難捨得捨，來得去得，沒來沒去沒事。

錢是介質，我用意義來看，毫無意義我便不搭理，很有心意想聽說暢談兩小時人生哲理的單位，我說什麼也會飛去。

美國哈佛大學經濟學家史酷必提出一套有意思的「身價論」，點出你我

都有二億四千萬的價值，但是年薪一百萬的高收入者，努力工作三十年，至多也只有三千萬，不過是其身價的八分之一。

是的，我的理解是工作不會得到身價，人生不是一種富可敵國的競逐，只需一個一、一棟樓、一輛車子、一支手機……即便只付一分力，工作所得也就夠用，餘下來的時光可得風花雪月這些生活中的快意事；各加一是二，就得「加倍」努力。每一個人都是拼圖者，八加零、七加一、二加六、五加三、四加四都是八，但是人生各有不同的風景。

高爾基說：「快樂，是人生中最偉大的事！」

是吧，但金錢就是賺不到快樂的，什麼都要，一定要不了人生，不可能與三五老友一起結伴溯溪，偷得浮生半日閒，臥躺溪中浮石凝望天空；或者盛夏之晨相約浮潛，在海上扮演游魚，親身理解莊生非蝶焉知蝶之樂。

西塞羅是這樣認為的：「因為錢，販賣苦力的人與行業，就是出賣自己……。」

生活中若是一再出賣了靈魂應該就不會有微風的夜，坐在躺椅上，凝望星空，播放著韋瓦第的《四季》，一個人在月色中靜靜的聆聽，這是多麼幸福的事呀！

從《放下，人生更豐富》、《活出驚奇人生》、《閒居七年》之後，我被報章雜誌、電視媒體形容成「簡樸生活家」，彷彿我是乘雲喝風之人。事實上我從未離開工作，仍稱得上忙碌，只是沒有讓時光如達達馬啼，踩踏成煙塵飛揚而已，我改變的是生活方式與生活態度，把加法的追逐修正成減法，不是什麼都要，而是什麼可以不要。

因為我知道，很多東西失去可以再來，但時間是失去了不再重來，即使有一天，驀地醒悟，也肯定來不及了。

我能想通這一點，提醒者是黃宗羲的「少欲覺身輕」。

04

無常先到

容我說一個小故事：

心肌梗塞死了的年輕人，被黑白無常領著去喝忘了一切的孟婆湯，他心有未甘，一路上為自己辯解。

閻王午睡被突來吵嘈聲驚醒，年輕人忿怒質問，閻王告知他，所有從陽間被帶走的人都會先發數次通知單，難道沒收到？

年輕人吹鬍子瞪眼睛，大聲回話：「沒有。」

這就怪了，閻王打開電腦，敲打人名，資料馬上列印出來，有啊，通和單早發，他依序唸出聲來，五年前發的通知單寫的是腰痠背痛，三年前的通知單寫著頭昏漲，最後一張在三個月前發出，載明全身都痛，這下年輕人難以抵賴了，可還是央求用陽間的錢來換陰間的命。

閻王：「你們年輕人就是如此，沒命了才知道命很重要，可是你們陽間的錢，在陰間算偽鈔，沒什麼用啊！」

金錢與冥幣原來在岸的兩邊，一河之遙而已，無常就在其中，日常生活中也處處可見。

一大早與一群球友在運動中心捉對廝殺的羽球時光已經很多年了，即使這裡的人全是愛好運動者，無常仍無法預期的隨時降臨，一位球友前一分鐘才開開心心比出一個V字後下場比賽，下一分鐘一個接球揮擊，踉蹌倒地便走了；另外一位平常健壯如牛，也是在球場上血管爆裂而躺在加護病房。這些事我無法置身度外，毫無知覺，因而想到了「**活好當下**」四個大字。

大師也會走

在我書寫這本書的這一年裡，世界各地著名的文人中離世了近二十人，余光中老師是其中一位。我們緣淺，只在幾個文學場合中見過數面，但一直視他為老師，他的詩影響了我的散文，像首散文詩。我記憶深刻的是用省下來的零用金換得他的《白玉苦瓜》、《蓮的聯想》、《聽聽那冷雨》……它

們一一進駐我的書房，成了我閱讀的甘泉。尤其是《鄉愁》，我一讀再讀：「小時候，鄉愁是一枚小小的郵票。我在這頭，母親在那頭。長大後，鄉愁是一張窄窄的船票。我在這頭，新娘在那頭。後來啊，鄉愁是一方矮矮的墳墓。我在外頭，母親在裡頭。」

再來是大俠金庸，被倪匡譽為百年難得一見的文人，他以汪洋恣肆的想像力，十餘年間寫下十五部作品，累積成一副對聯：「飛雪連天射白鹿，笑書神俠倚碧鴛」，少掉的一部是《越女劍》。

在大陸開放的當年十月，我便應中國現代文學館之邀前往，首先拜訪的是名作家蕭乾，時年約莫八十歲，離人生邊界還有九年。我們談著他的短篇小說集《籬下集》，長篇小說《夢之穀》，還有我覺得最有味道的報導文學《人生採訪》。那時候他與夫人文潔若的譯作《尤里西斯》還在翻譯中，當天興味十足說著喬尹斯的這本書。我忘了話題如何結束，何時離開，總之那一次以後，我多次往返北京，都因行程過忙未能再見蕭老，再一次，他便離世了。

巴金的《隨想錄》一直居於我書房的一個重要位置，偶爾取出來讀上幾篇。他是現代文學家、出版家、翻譯家，是「五四」運動以來最有影響力的作家之一，二十世紀中國傑出的文學大師，當代文壇的巨匠。

應該是一九九三年，老人接近九十歲了，患有帕金森氏症、慢性氣管炎、高血壓，我們一行四人還是拜訪他，時間很短，但已然感受到大師的風采，至於談些什麼？真的忘了，可能有他著名的《激流三部曲》、《第四病室》、《海行》與《旅途隨筆》吧，之後也沒再見過，最後他以一百零一歲高齡離開人間。

無常說來就來

這些名人作家無論我多麼喜歡，依舊逃不過無常之手，佛祖看上就帶走了，看來我們都非能活上八百歲的彭祖，也非傳說活了二百四十三歲的陳俊以及二百五十六歲的四川人李青雲，這些長壽人物看來只是神話或造假。真正有案可考的人瑞是義大利的艾瑪．莫拉諾，真實活了一百一十七歲高齡，算是活神仙了，醫學專家推估，現階段人的最長壽命難逾一百四十歲，表示人生這部列車終會靠站，會有終點，果真如此，開那麼快幹嘛？

無常往往還是先到一步，「慢一點」多好，也許才看得見路上風景。

人生真的「一瞬」，四十歲之後便啟動新的模式快馬加鞭，我們沒有恍惚的機會，五十歲馬上就到，駛往六十、七十……。

財富無罪，但不必為它虛度一生，成了惱人的障礙物，歐洲格言：「死時口袋只剩一塊錢」，你懂這意思嗎？

有錢快花的哲理

六十七歲的工程師友人心肌梗塞，幸運救回一命，我去探視時，他語重心長的告訴我：「有錢快花」，有梗的笑話適時給無常臨門一腳。他用快轉的形式描述自己的人生：

用功讀書贏得成績，努力工作得到銀子，拚命存錢換來房子，有了房子要付貸款……

舊房還清，再換新房繼續攤還。

忙後想休但休後又忙，輾輾得了一個「病老」，還在原地打轉，即使金銀忘不了，但是得了去了，終朝只恨聚無多，及到多時眼差一點閉了。

那一天友人仍氣若游絲，笑稱自己是「笨癲老頭」。電視上演的是：「孩子去哪裡了？」他心想的是：「人生去哪兒了？」

西塞羅說：「懂得生命真諦的人，可以使短促的生命瞬間延長。」

這是真理，原來沒錢萬萬不能的下一句是：錢也不是萬能，錢只是「代幣」，要用才是錢，可惜人們用「一生」才弄懂了它，卻已風燭殘年來到尾聲，回不去了。

英雄一定會遲暮，無常比明天先到，是呀，有錢真好，但有閒更好，健康是寶，風花雪月無限好。

郭台銘是大富豪，但牛肉麵還是只能吃一碗吧，而且與你我同價，不是嗎？

蔣捷的《虞美人》請多讀幾遍，也許會有所體會的：

「少年聽雨歌樓上，紅燭昏羅帳。壯年聽雨客舟中，江闊雲低，斷雁叫西風。而今聽雨僧廬下，鬢已星星也。悲歡離合總無情，一任階前，點滴到天明。」

05

財富的美好使命

拉馬丁說：「人是被貶入紅塵的神，但沒有忘記天國享樂的一切；已經法力有限了，但仍欲海無邊。」

金錢與欲海代表的是需要與想要，人生交錯的虛實，聰明人看見「實」的部分，魯鈍的人一直卡處在「虛」線中。

半百之後，花甲來了，我想過慢板生活，但最後的一個牽絆是子女，他們穩健，我便可以放心自在。書寫這本書的過年除夕，我跟兒女開講「平凡是福」，如何在金錢洪流中找著上岸的路，我的分析是：

自立門戶代表成長了，但一間屋的貸款金額可能會使之一輩子受苦，一千二百萬貸款的房子在台北市區應該算小房，如果貸二十年，按月要分攤五萬元以上，貸三十年也要還三萬五千元；若是租屋，權狀二十多坪，室內約十三坪，租金也要一萬八千元。最好的方式是住鄉下一點，靠大眾運輸上下班。

一家兩口新婚各自有工作，伙食費初估一人六千元，兩人共一萬二千元；車子貸款五十萬，以五年還清，一個月約莫也得攤還一萬元，停車位費

用一個月三千元，合計一萬三千元。

水電、瓦斯費用一年淡旺季有無冷氣分擔，初估一個月二千元左右；兩人手機都用四九九元綁約，合計一千元；大樓管理費二千元，其它就不能再算了。

衣：零元；育樂從缺，零元；看美術展覽，零元。

最後是數學題，運用的是「加法」：

20000＋12000＋13000＋2000＋1000＋2000＝50000元，一家兩口要有穩定的七萬元收入才能好好活著，我真的不是嚇唬兒女，而是在告知這是真實人生，提早識它才能好好過日子。

魔鬼在細節裡

日本極簡主義的代表人物沼畑直樹，從一個繁複的追求者，變成生活和美感的堅持者，他從衣櫃開始清理，滿滿的衣服讓他每天得花很多時間挑

選、穿好、試鏡、上班，真是煩人；奉行極簡主義之後，而今剩下三條褲子、六件衣服，很快便搞定，這就是極簡主義的好處——夠用就好，少了雜物的空間，家變得寬敞明亮清新。

收入的變數不大，它叫「定數」，關鍵在消費，八減六與五減三是一樣的二，但賺八比起賺五辛苦多了，差異在時間的配給。

欲望大過能力，人生就是死棋，買什麼？怎麼買？這些事別人很難置喙，但必須量力而為，沒有錢還買雙B轎車，無疑會把人生推向懸崖邊上。

極簡主義不是克難度日，而是不要物

欲橫流，把錢花在刀口上，如是一來，花時間工作，花錢優雅，得空休息，就會慢慢成一線，成為自由自在的人了。

錢就一個字，但可以有不同哲理！

用它買一件優雅的東西，也許超出預算，但擺在餐桌上，使之賞心悅目，叫作「品味」；買一件愛不釋手的小物，戴在身上就可以開心很久，這叫「愛自己」；過年期間我在草悟道上看見一位擺攤的藝術家，我花錢買他的創作，讓他看見機會與希望，則是「**助力**」；我們的一筆錢讓一個家庭因而有一頓飯吃，則是「**慈悲**」。

錢未必是市儈的，它就是錢，有戲法的是它的「價值觀」。

打造平凡有味的生活

活著其實靠的是兩件事：一還能吃，二還會呼吸。

如果孩子可以依照我的建議生活，省吃儉用不貪心，就不用融資我的老年年金；我不操心他們的生活費用，少少的勞退金一萬四千七百五十六元還是夠用的，不必拿去填他們的欲望之海，便可以接受太太的提議不要一直自己開伙，實施理想中的「週週換廚子」的新生活運動。

台北有很多名廚名店，百家千家肯定是有的，我設想按圖索驥，一週一餐廳，一年就可以拜訪五十二家美好餐廳，這樣的飲食計畫便成了風情萬種的旅程。吃到飽的高ＣＰ值，把東西硬生生塞進肚子，暴撐著的飲食方式我不愛，被我排除在外。我喜歡優雅的林間餐廳，食養天地、映月茶館、緣續緣店等，都納入了我的吃食地圖，在山中不止看山，而且領略了禪學，原來人生最真實的樣貌不是一張黑色無限卡，而是白色限期卡，必須時時提醒自己好好把握。

「文山草堂」進了我的視野，無菜單料理，一切隨心，一客餐是價格，而眼前山水則是價值，那一刻發現味蕾是不會挑剔的，而是與身心一起靜了下來，什麼都好吃，人人歡喜，因為菜中有禪，教忙的現代人慢的哲學。

去的那一天，微涼有雨，山嵐飄渺滑升降落，造出了仙境，風來了，雲到了，偶爾一抹藍消散了雲，上演出雲記，一再幻化，彷彿真實人生地景。

主人是書法藝術家，把閒居禪修之所修造成一座禪園餐廳，在他的行書書法的環繞下，人人都定了下來。我用普洱茶先定靜慧一番，一杯一飲得出一個人的武林，蟲鳴鳥叫是天下。

我用最慢的速度吃下精心擺飾的料理，再用心的觀賞窗外的風花雪月，理解那個叫作值得的意義。

日子慢慢來，一週週的重新復活有味的味蕾，有錢並非壞事，重點在於有沒有把財富演示出它最美好的使命。

第三篇

慢板的琴棋書畫詩酒花

我想問一個問題：

你覺得自己是多采多姿？還是一成不變？

忙得不可開？或者生活優雅？

從學校畢業進到了職場之後，可曾有過慢下來好好度過一天真實有味的日子？還是一開始就馬不停蹄的付一堆貸款的按月計息？

我的優雅生活如果還算上道，讀者從不同報導看見並且喜歡，請別以為我多有錢，其實一切悠閒自在都是用心，而且是從生活細節發跡改變！

我又想說故事了：

傳說中印度有一個國王很喜歡雨，在皇宮裡造了一座「聽雨軒」，酷暑少雨的時候，就命僕役將清水注滿從頂上溝槽倒下，另一個僕役立即轉動一個有音律的按鈕，依當時國王的心情喜好，轉出急流淙淙的聲音，或緩流涓涓的音調，抑或潺潺，對他來說，世界最美的聲音就是雨聲。

他是國王，聽雨之後才明白人生的價值，我們不是國王不必日理萬機，但有幾人曾經定了下來聽雨？

雨的童年

宜蘭號稱多雨的城市，一年有二百多天的雨日，我們的生活全是在雨中，雨便是生活，我們在雨中上課，雨中摘果，雨中渾濁的河流邊釣魚，雨給了我美好記憶。

春雷響起，西北雨便大方落下，我與父親在刨崙的果園，他用鐮刀順手割下姑婆芋的葉子為我擋雨，那父愛是雨中的想念。

我家住的是老式三合院，用瓦片交錯疊起的屋頂，下雨天是滴答天，屋外下大雨，屋內下小雨，鍋子與桶子全數出籠裝雨，我與弟弟負責倒雨水，滿了倒掉再滿，次次回回。颱風天連房間也會落雨，我們夾在幾個桶子邊煎魚式的躲雨睡覺，當年煩人而今甜美，算是雨的記憶吧！

父親好像也愛聽雨，但不知是樂是苦？他不是國王，想的應該不是樂事，可能操煩河流萬一漫溢潰了堤，進到園子，流走作物怎麼辦？或者大雨不停歇再下個幾天，菜的根全爛了，葉子全黑了，賣得出嗎？但我肯定是興

奮的，可以偷偷跑出去玩了。

我的家鄉有一口溫泉，水溫約莫四十度，寒流來襲加上天空飄著雨便很有日本泡湯的味道。小時候不知道員山的南機場就是日本神風特攻隊升空迎戰美國轟炸的駐點，而我家附近的那口溫泉則是他們最後一夜的飲酒作樂處，在這樣的心情想像下，自己泡的那口溫泉，雨中彷彿添入了歷史的溫度。

如果不是慢了下來，這些記憶我恐怕也想不起來，還好有這些雨中記趣，寫作時下了雨我會很自然依著窗，看那雨珠輕輕滑落的畫面，我的讀書堂在雨中便自動改成「聽雨軒」了。

慢板

這場雨下得很有味道，地點在金庸筆下人物段譽的大理。

那一天也是雨中，在夜擊著塑膠浪板的巨大音律裡，我聽他說著每年暑假都下山出售畫作，再帶著錢回山，充實山崖下小學校學生讀書花用所需。

那雨便不只是情調，而是哲思，我因感動留下一百美金，當成聽雨的代價。

隔年我去拜訪北京人與山頂洞人，上山的路上也是飄著雨，夾雜著雪，野徑上遇著賣小花椒與柿餅的婆婆，一塊錢一串，一個月可以賣十串，當天我們便買下十串，婆婆八十歲立馬笑成了十八歲。

還是雨中，我在政大門口的一間小咖啡館遇見老友蔡詩萍，一個人，一杯咖啡，優雅的望著前方，讓時間在指縫間緩速流淌。我不記得他有沒有帶著一本書，那模樣怎麼看都很有味道；也許一小時，二小時，喝完它，情趣自然湧現。我不忍打擾那種難得的情趣，笑一下，輕輕打聲招呼就離開，因為我知道雨中的那一刻他選擇一個人，一杯咖啡，就是想保有雨的寧靜。

試試吧，找一個無所事事的一天，創造一個人的雨中，泡上一杯花草茶，迷迭、薄荷、甜菊都好，或者一壺清淡的包種茶，學學周伯通，左一杯右一杯，寧負榮華不負春光，過一過且向山中向林泉，能詩能酒似神仙的情趣生活。

講道

餐桌上你都做些什麼？

吃？還有什麼？

罵人？還有呢？

我喜歡談心與講道。

兒女都到了可以婚嫁的年齡，寫這一本書的今年圍爐夜，我為他們上了一堂婚姻學：

主題：愛情、友情與親情。

婚姻的起首式叫愛情，多半是使人昏了頭的外貌協會，多帥多美，肯定都會刺激眼球，彷彿人間天堂，可以不食煙火，以為愛是一張「生活兌換券」，可以折抵萬物。

但它的「保鮮期」其實不長，當人胖了、色衰了、柴米油鹽加了進來之後，人格特質便會悄悄露了餡，開始有波瀾漣漪，愛情的浪漫逐日被生活中的難題消散、稀釋、盤繞……，接管的最好是包括關懷、體貼、包容、諒解在內「友情」。

友情其實是友誼＋愛情，靠的是「經營」，如果希望婚姻漫漫，就得愈來愈像朋友一樣，長久雋永的關係，需要共同好好經營。

並且相信人是不同的，所以要異中求同。

相信人是有缺點的，各退一步找著交集。

相信人有喜怒哀樂，才會懂得讓，結用解的，不是用「得理不饒人」的咄咄姿態。

有一天咱會老，最可靠的是「親情」。但親情還是有愛的情字，包括了友情與愛情才會是親情。

如此一來，才能互相扶持照應，懂得用對方的立場想事。

花甲之後，每人都會忘東忘西，務必互相當對方的「記事本」，溫暖彼此；不要是尖酸刻薄，彼此指責！

相互提醒：

做不來別做，

提不起的放下，

人生剩沒幾年，好好愛自己。

這些啊，只要很有溫度，濃郁的親情都做得到。

一半

圓滿，是一個想望，但絕無可能，月都有陰晴圓缺，一半就好。

一半精明，一半糊塗；精於工作，算計糊塗！

一半奢求，一半隨緣；求於品質，利益隨緣！

一半進，一半退；待人進，苛責退！

一半命，一半運；命要服，運要轉！

淡然，坦然，才會得一個順其自然的自在。

「得」「捨」是同一件事，書寫這本書的這一年過年我陪太太回台中娘家，我們在老家門前的草悟道四處閒晃，巧遇一位身障的「製銀人」，他向客人熱情解說自己的作品，我細細聆聽，好好欣賞，發現是老銀，老闆靦腆笑了笑說對的，但都是他的新作。

其中一件是南非綠珀，經他的巧手稍稍修潤，放進手作的細緻銀台，顯得美極了。

最後我一口氣選了四件，應該沒幫上這位藝術家什麼忙，但付錢之前，沒有忘記一再讚美他的作品如何的賞心悅目，與吸引客人，他開心到差點忘了收我的錢。

最後我謝謝他給了我修行的機會，以錢換了美物，我捨他得，他捨我得，揮手道別時我們雙贏。

修行在我看來真的是兩件事。

「修」是自修，內觀自持，是一種品格的養成，用來學會利人。

「行」，是執行，把修的成果做了出來，不要光說不練，修了會去行的人，不僅利人，同時也利己，至少昨天我很愉快。

若不是日子慢下來，這些道理我一件都開悟不來，只會與多數人一樣，天天像一部機器，轉來轉去轉不停。

01 書房裡的修煉

慢了下來之後的每一天，身旁的事物全是鮮活有味的。

「寫取一枝清瘦竹，秋風江上作漁竿」，這是鄭板橋罷官回家後寫下一首詩中的一句。他愛竹，我也很愛，老家種竹筍，自然就愛上了竹，麻竹筍旁臨溪處有一整排修長的綠竹，迎風搖曳，發出清響律動；春天會捉筍龜，這可是孩子們的有趣竹中遊戲，我的書房面窗位向西北，落日餘暉就在視界之內，我在窗台上種下兩株綠竹，由竹葉細縫中窺測暮色倒很有味。

書房是我的知識練功房，我替它取名為「忘機小築」，取自「雖無吻頸交，卻有忘機友」。新家的書房因得一塊吳昌碩手書匾額《讀書堂》，於是乾脆掛上，讀書時就改叫「讀書堂」，聽雨時是「聽雨軒」，無所事事則叫「閒閒居」吧，反正人一閒便胡思亂想，書房是我的，我愛怎麼叫喚就怎麼叫喚。

富蘭克林說：「把知識放進了腦袋，誰也搶不走，它是一輩子最好的投資。」這話我是信的，但如果生活像轉輪一樣一直慢不下來，再好的想法也不過是個空話罷了。梭羅的《湖濱散記》我買了十一個版本，至少讀了十一

次，次次回回不同，隨著年紀增長略有收穫，能定靜慧下來閱讀，不是因為我有錢，而是有了一點閒。

書中的哲學

梭羅對於生活的反思，因為反覆閱讀開始有了醍醐味，出現了交集。

加法、減法，減法、加法，不斷爭辯，梭羅是哈佛畢業生，他的同學應該都選擇進入紐約大公司工作賺很多錢，但二百年後對我們有影響？被記得的只有梭羅一個人，在這其間沒有一個人可以在非假日的星期二停止運行，佇足流連湖畔，觀看鳥兒展翅飛起的英姿，欣賞湖面泛出陣陣漣漪，坐在地上欣賞倦鳥回巢的畫面。

梭羅記下了日常生活開銷，七元兩角、五角八分、一分四毛等等應該都是小額花費，顯見他的貪念物欲極少，使用的是這個不用，那個不要，很多不重要，根本不需要的想法……加總起來便得了一個簡單了。

「紐約沒人」！

梭羅在書中曾經寫下這樣的心情，那一天他從紐約探望友人回到騰格爾湖，可能被大都會忙亂的步伐、慌張的人們的工作形式驚嚇到了。紐約並不是沒有人，只是存在著三種人：會動的死人、會走的殭屍、年輕的老頭，忙得行屍走肉。

梭羅的焦慮是二百年前那個不算太文明的年代，而今機械更進化百倍千倍，人類的速度更加驚人可怕，如果梭羅還活著，會不會喟嘆為何時間完全不在自己手掌心？

一旦有空，閱讀便成了我的生活習慣，一本本讀，聶雨寧的《農莊生活手記》因而入鏡，反覆提點了一件事，人該作主人生或者被人生作了主？聶雨寧在盛名之時便想到這個問題，繼續賺大錢還是急流湧退？最後他決定讓忙喊停，畫上句點，搬到緬因州的農莊去過自由自在的人生餘年，那一刻起他有了一個新逗點，打造快樂自在新人生。

他的觀念給正處於失業的我極大衝擊，我是要找一個與以前一模一樣的工作，或者就此放下，不當錢奴。至終我選擇後者，雖然很冒險而且根本沒有把握，但還是依著心裡的聲音走，我知道專業是後盾，只要我的演說成了別人的暮鼓晨鐘，一種需要，像一生不可不去的十個地方一樣，非聽不可，便可有恃無恐了。

專業不會從天而降，根據NBA籃球巨星科比的說法，大約是苦練、苦練，再苦練，別無他法吧。

書房中汗牛充棟的書成了我慢日子裡的專業充電站，那段停下來的時間，讀完的書遠遠勝過庸庸碌碌，忙不知休的那些年，書災變回很有溫度的書齋。

物的反思

書房中的書上書下夾雜著一堆美物，其中一尊是「容天下難容之事，笑天下可笑之人」的笑彌勒，原主人是一位出版界的朋友，有一天成了我的收藏，真實原由是抵債。

他是兒童繪本出版的翹楚，優質出版家，每一本都是口碑保證，如果好好經營，心無旁騖，這座出版巨塔是不可能崩塌的，我怎麼也料想不到有一天，讀者私訊我，大意是說我在演講中帶去銷售，一套一千元加贈一本當下最新創作的童書繪本，有人網購只花了三九九元，即使加運也不用五百元，我想怎麼可能？一定是二手書吧，但讀者信誓旦旦告訴我確定是新書。我卯起來火速去電問明原委，他支吾閃爍，語焉不詳，我起了疑心卻不知發生何事？連續幾回出了狀況，心知問題嚴重，我怕聲譽會毀於一旦，請他老實告知，他才坦承因為經營不善，我的繪本童話被當成債務的抵押品，至此我終於明白所有的狀況。

他的畫本生意上了軌道，賺了不少錢之後，野心爆棚，開始做不專業的投資，有人牽線電商，他投入資金，最後弄到血本無歸，但這只是噩夢的開始，多次之後，袋盡囊空，便跟地下錢莊借貸，還去賭場翻本，結果可想而知，便是我看見的下場，所有的書都被搬光，再加印書抵帳，扔下印刷費用未付跑路。在此之前他用一部分的收藏當成抵押品，至於價格他說了算，這是其中一尊守在我的書房傳授這個哲理故事的佛，笑口依舊常開。

時代的修道

書房裡靠左的角落上還有一口長八十公分、寬三十公分，至少百年以上的老木箱子，是隔壁奶奶當年與幾位僕役壯丁把它扛上了船，越過台灣海峽這黑水溝，一路風塵，定居台北的故鄉寶物，在台灣珍藏很多年，早已因年久失修，有些損害了。預備扔棄的那天，我正巧要出門，被我及時攔下，強行要回來，置在書房，當上賓款待，真是頂級老樟木，一打開，滿室生香。

多次與婆婆聊天才知道，當年他們是上海的有錢人，國共大戰，舉家逃亡，值錢的家當一股腦兒往老樟木箱子裡塞，一共八口箱子就這樣渡過黑水溝來到了台北，它不止是家當吧，還有回憶與戰爭的殘酷，員外與一夜赤貧交織出的無奈，這便是我收藏老東西時附帶收藏的哲理了。

老箱子被我老物新生，成了幾十年來我受訪剪報資料的收納盒，恰恰好一整口箱子，鋪上一條嶄新的桌巾，再擺上明朝永樂年間的佛、宋朝的地藏王菩薩、義大利的名家石雕、盤坐的達摩和通透的瑪瑙小童。還有一座用來計時的老鐘，鐘上「歲月」兩字寫得蒼勁，老檜木的，雕刻的刀工一流，躺在書房的牆上，彷彿韋應物的詩：「浮雲一別後，流水十年間。」

老物如果有知，也許會喜歡我的設想吧，慢日子裡，泡上一杯茶，望著老樟木箱子，像一盞明燈，照映出來的是鹿善繼的提醒：「讀有字書要識得無字理。」

02

藝文走廊的靜·思·語

客廳通往臥室的那一條小小的大約五公尺長的走廊，是我家的藝文走廊，被我戲稱為我的「靜思堂」，友人皆莞爾一笑，以為只是幽默，事實上它的的確確具備這樣的功用，整排的吊畫藏了無常、勇氣、慈悲、愛與關懷等等人生開示。

投資收藏在我的觀念中是不存在的，我喜歡與畫家有些互動，明白每一幅畫的創作動機與故事，成了我慢日子裡偶遇的回憶。

走廊上的第一幅畫是一隻神靈活現，長相空靈的金絲猴，購自上海豫園，作畫者高齡八十七歲，老先生的創作動機是義賣，為了黃河洪澇的災民找到資助。可能不是假日的關係吧，偌大的展廳裡只有我一個人孤伶賞畫，最後定格在眼神精靈飄逸的金絲猴上。老先生看我佇足良久，走了過來介紹自己的畫作，自稱姓霍，便從猴子說到黃河，最後要我買畫做善事。

臨走前老人問我明年還來嗎？我回說明年還有洪澇嗎？

兩人相視大笑，互道再見。

隔年，我有事去了上海，誠信一字教我履行承諾，兼程去找老人，前後三回，其他的老人們都說「不在」。最後我終於懂了，「不在」的意思是駕鶴歸去，「明年再來」成了人生絕響，原來轉身就是永遠。

這幅畫說出「無常」二字，我的理解是：活好每個當下。

活出意義

走廊上還有一幅小品，畫面是兩個荷鋤之人走在窄小木橋上，自雲南大理古城買的，畫家是位小學老師，為了減低房租，選擇在郊區租了一間小畫室，如果不是晚餐後一個人信步閒行走到小店，也就不可能有後續的因緣了，他的畫很有個人味道，彷彿意有所指。

我應該猜對，他的畫作確實是有意義的，連續七年下山賣畫，得到的錢全部用在學童的教育上，不夠再從自己的薪資上扣抵。

原來有人的畫不只是畫，它可以是慈悲的轉運站，透過這個媒介並非用來賺取高額的錢，而是得到助人的因緣，我當下掏出了一百美金，讓他一起

帶回山中小學用在孩子的生活之上。

友人提出質疑：「你如何確定他講了真話？」

說實話，我真的不確定。

但這件事情免費給了我不凡的啟發，我把經過寫成美好的故事由副刊登出，得了三千多元稿費，《講義雜誌》付了五百元轉載了這篇文章，算一算帳面上值一百美金，我沒有虧一毛錢。但卻因此埋下了大愛的種子。

一幅潑墨畫來自古稱「滿喇加國」，現在的馬來西亞麻六甲古城區的街頭藝人，他之前的職業是美術學院的教授。

教授領的是月薪，可以平穩過生活，但他的骨血裡藏的是「遊唱詩人」的性子，個性扞格，最後心念一決，辭職來到古城的一角作畫、賣畫，自在生活。

遇上他的那一天，教授離職不到一個月，心性可能依舊游移，畫作嗅得出困局，彷彿被一張網牢牢繫著掙脫不開，明明是無垠的海鄉，畫面上卻在沙灘上築了一道圍籬，海天一色的舒緩之境硬生生添了窒息感。我對他的畫

作反覆琢磨思考，他以為我也有困局，喜歡這樣的畫風，便用報紙包好，以遇上知音的方式放進我的包包：「我們談得很投緣，這畫送你。」

此時他的身分已非教授，而是走唱詩人，收入靠的是鬻畫維生，這畫能收嗎？最後我們談定七折成交，他一臉尷尬。離開古城前，他向我要了住址，直說會還我一份意想不到的禮物。之後我一站接一站的一路開講，完全忘了此事，回台一個月後收到一幅很有意境的畫作，裱畫的友人聽了這個故事，給我建議：「框用好一點吧。」最後是木框的價格比畫還貴。

為什麼不當教授改做街頭藝人，他的回答是：**快樂比金錢重要**。這個人生解答我一直受用。

畫中有話

「寂寞柴門人不到，空林獨與白雲期。」

這是王維《早秋山中作》詩中的一句，也是我藝文走廊掛著的那幅柴門一眼被我看見喜歡而買下的緣由，想起的是父親在風雨中出門工作，我們在家中巴望的那一道門，意象上像極了劉長卿的「柴門聞犬吠，風雪夜歸人」，小黑一吠，媽媽便知道父親回家了，全家可以放下忐忑的心。

一幅畫讓我憶起了一大串的童年往事，所以更非買不可，它的訂價不低，陪同我的學校老師用力講價，老闆就是畫家，一副天地崩於前不改面色，寸金不讓，於是我們轉身離開，繼續閒晃東莞的藝術大街，但我心裡懸著的卻是那一幅畫，回頭繼續談判，如此交鋒三回合，他不讓我讓，依他的價格買下。

他的堅持形象一直印烙在心，彷彿金庸《射鵰英雄傳》筆下「北俠」郭靖，逾七十仍奮力守護那座襄陽古城一般，豪氣干雲，寸步不放，那畫替我的人生上了一課，你堅持，別人就妥協了。

蘇東坡：「亦知人生要有別，但恐歲月去飄忽。」就在此刻，我彷彿多解了幾分吧！這條長長的走廊表面掛的是畫，但都藏有故事，在時間的淘洗下，不同年紀我有了不同的醒悟。當年堅持把家中這條由客廳通往房間的幾公尺平凡小路，改成色澤繽紛的藝廊，而今想來真是值得，它不只是掛畫的地方，扭開燈，它便是反省靜思的場域了。

03

客廳裡的慢條斯理

「屋不在大，有仙則靈」！

隨著歲月淘洗，我愈來愈明白有仙則靈的意境，屋寬不如心寬，重點在屋內天地，不是屋子價格。

年過半百之後，我家便開始有了車馬稀的荒涼感，客人少，媒體也少來採訪我的意見，千山代有才人出，缺我可也。風雨故人來的景象慢慢成了絕響，我的客人往往就是我自己，客廳便成了我一個人的武林，一定程度由我支配使用，成了慢日子裡的工作室。

我花了八百元買了一組玻璃切割器，把玻璃瓶用鑽石切頭劃過之後，再用熱水澆，冰水淋，冰火三重天後熱漲冷縮，切口處便平整掉下，我用它們製作出很多小燈具，擺在花園的一角，使之美輪美奐起來。

從海邊撿拾回來的漂流木，沖洗一番去除海沙，讓風陰乾，再移入室內，便在客廳裡苦心創作，有些被我設計成了燈，有些成了巧作，更多只是閒閒沒事幹用來醫心的。

我以一座三千元，一共做了十座義賣，得款三萬元，用來幫助一位單親媽媽，客廳因而升級成了我的慈悲喜捨的道場。

我用收藏品布置這個可貴的場所，茶壺占去一個角落，一只清末民初的櫸木小木櫃成了收納箱，柴燒小杯的尺寸剛好放進去，客廳變得清爽高雅。

半百之後，眼手開始有些失調，不小心摔壞茶壺是常有的事，把這些殘物種上銅錢草，讓角落多出一抹綠，成了美的聚落，浪漫的地帶，家因此變得風情萬種，也是不錯的。

我的綠手指是出了名的，喬來喬去，總可以喬出一種美感，讓不起眼的地方，因而上了妝增添驚奇。

「宇宙一何愁，人生少至百。歲月相催逼，鬢也早已白。」陶淵明提點不要虛度歲月的詩句瞬間上了心頭。

客廳的一面變身成書牆，隨手可取出一本書，懶人一般坐在沙發上閱讀。書櫃不只有書，我預留了一些空間，在書與書之間巧思設計擺放收藏品，柔美軟化成了藝術書架，不看書時，我可能取出溫潤的和闐白玉在手上

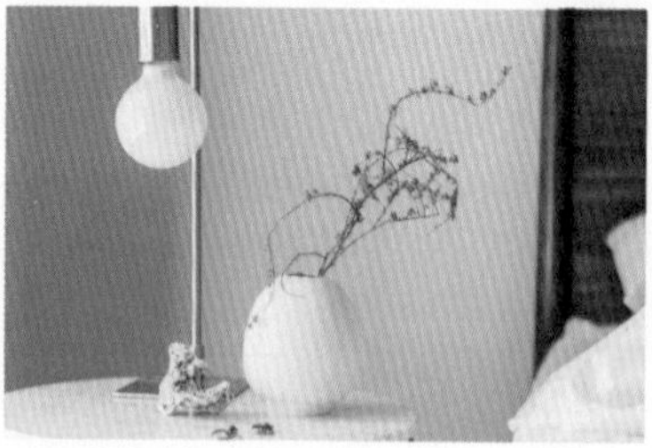

盤著，凝望宋朝的汝窯小瓶，英國來的骨瓷咖啡杯……讓狄更斯遇見了愛因斯坦。

醉在音樂

合唱團獨唱、民歌餐廳的玩樂歌手，怎麼想都不會是我，但真的是我！喜歡音樂是我的天生配備，CD因成了我的另類收藏，數量接近千片，在慢日子進駐心靈之後，這些有了一點灰塵的新世紀心靈音樂又開始轉動。

忙碌了一天，從遠地演講回來，沐浴更衣後，躺下來，什麼也不想做了，闔上眼，讓溫柔的音樂穿耳而過，這是我對治快速奔馳的日子裡的方法之一，用的是慢—慢—慢。

流淌音樂的是一只黑黑的有著音符律動，稱為「音響」的小盒子，這個設備我是捨得花錢的。友人是個真空管迷，他堅信從那個透明鎢絲管流洩出來的聲音才叫作音樂，因而自告奮勇替我組裝了一套CP值極高的「真空

管」音響。我的喇叭用的不差，聲音因而更加清亮迷人，蟲鳴鳥叫水流聲在裡面被深情載運，我竟意外發現吵雜的台北城其實也可以一片寧靜，重點在心，不在境了。

客坐廳中

我發現一個人的客廳最美的時段是清晨，天光未亮，一片暗黑的三四點，只有我一個人起身，在展示櫃上取出一把有年紀的壺，用茶則緩緩的把烏龍茶放入，一分鐘後倒出茶色極美的茶湯，坐在沙發上，扭開色澤多彩的桌燈，在孔雀魚的伴讀下逐字閱讀思考，即使三兩頁也有所得，最後得什麼並不重要，我只是讓一大早變得更加舒緩合宜而已。一天正要開始，慢慢提速，五點鐘停下來幫自己的早餐備料，蔥油餅內的很多生蔬都是一分鐘前從樓上花園鮮摘下來的，洗淨後加上一顆蛋，在客廳的沙發上食用我的活力早點。

豆漿機傳來攪拌的聲音，熱滾的新鮮豆漿入口，真是人間美味了，如果扭開音響傳來韋瓦第的《四季》，那就再美不過了。

四季對我而言不只是季節更迭裡的音律，更蘊藏著人生奧義。我在客廳裡向東望去便可以一覽無遺這樣的人生風景，春的窗前是青綠以至墨綠到轉成了夏，嘶鳴的蟬開始爬出土在小小的樹上奮力叫配，迴聲盪漾，秋的靜寂蕭索在幾個颱風之後慢慢爬了上來，明亮成了灰黑，第一道寒流下來便一夜成白就是冬了，瑟瑟颯颯提起的低冷溫度，讓我不由自主的把窗的縫隙縮小到極小值，這些是我的客廳筆記，它已不是客人之廳，而是我的慢生活之所。

04

療癒花園

推開紗窗左邊便是山，綠幽幽的景緻隨著季節漸層變化，眼前有一把雞翅木的骨董坐椅，一缸悠遊自在的曼波孔雀魚，一棵高大的櫸木，一棵橫陳的榆木，一棵飄香的桂花，一棵開花累累的含笑，一盞在三峽老街買得的百年老油燈，這裡是陽台，我設計規畫用來偷閒的浪漫地帶。

我從屋內拉出一條延長線，釘上一根釘子，安放我親手製作的漂流木燈，裝上超亮的液晶燈泡，便成了一處如假包換的休息區了。

掛上鐵架放置方形盆，隨著季節更迭種上不同的時令蔬菜，早晨隨意摘取，夾入饅頭當蔬果餡的生菜類，簡單便成了一頓愉悅的早餐了。

這裡原來還有一隻老貓皮皮相伴，但牠敵不過歲月悄悄仙逝，否則這隻有著蘇格蘭血統的貓，一定會很優雅的陪前跟後與我合演一齣老人與貓了。

窗外有藍天

國畫大師張大千當年喜孜孜買下「摩耶精舍」，交屋後再度丈量卻發現

少了幾坪，他向好友張群埋怨仲介不老實，但張資政開示：屋內的確少了些坪數，但窗外則有更多藍天，群山全是他的。

我懂了，窗外有藍天！

這的確有學問，我因而懂得不要把紗窗拆除，把廳堂向外延伸，偷那幾坪地，表面上多出可用之地，但卻無形中少了一個景。

而今推開窗仍是陽台，可以蒔花弄草，打造出一座像首「凝固的詩，立體的畫」的林園，得以在慢日子裡一寸寸的把千姿百態，詩情畫意的自然山水……移植進到景中，成了我的心靈診所。

屋頂花園

我的住家是前主人沒住過的二手新屋，他購買當天回家便後悔了，繳不出貸款，在法拍之前火速想脫手這個燙手山芋，而我順勢接手，看上的是頂樓有使用權的空中花園，從中我得出一個學問：「量力而為」。

一開始我的確理智線斷了，很想大興土木，造出波光瀲影，亭台樓閣，仿古人筆意，植上黃山松柏、古梅、美竹，收之園窗，讓自己彷彿置身於水墨畫境之中。這痴心妄想在經過一番盤算後清醒過來，向現實妥協，改成自造的簡約版，反而得到慢日子中的實作樂趣。

王賡言詩中寫道：「居士高蹤何處尋，居然城市有山林」，結蘆是否在仙境，關鍵在心，二十年來陸續造園，一花一木大約也可得李義山「留得殘荷聽雨聲」的妙味了；至於「色、聲、香、味、觸」等有內涵的空間意境，邀文友曲水流觴，吟詩作對、琴棋書畫、沉思品茗，在牆上寫下作畫的飄逸畫面，還是想想就好。

總的來說，我的屋頂花園一直處在窮人級別標準線上，一花一木都是慢慢慢慢慢住了進來，多半沒花什麼錢，高大的茄苳樹是鳥兒拉糞自行種下長大的，三分之一的植栽是鄰居種得要死不活扔上來的，只有少數的時節花草是我買來的。

因陋就簡卻造出風花雪月也是始料未及的結果，父親的老甕、媽媽的縫紉機各據一角，成了我在頂樓花園舒心時的念想。

如果不是慢了下來，頭頂上年年春天都會來報到的鳳頭蒼鷹，我是絕無可能敏銳察覺的，我的鄰居之中就幾乎沒人知道這件事，我們的差異只因忙與閒吧。我也因此知道，當那鷹響亮的叫聲穿耳傳來時，便是預告冬去了，到了牠繁殖季節的春。

接下來我會看見兩隻老鳥，很快多了一隻或者兩隻幼鳥，牠們努力授技，伴飛一季，約莫秋天又回到孤單的兩隻鳥，大約是幼鳥羽翼豐了，飛走打造新的領域。我查核書籍得知鳳頭蒼鷹的天性，幼鳥長成之後會把覓食的領域留給老鳥，自己獨闖天下，「知恩圖報」的鳥哲學，人真的該學。

城市小農

小蕃茄最是好種，不必精心布局，只要把紅得太過澈底的壞掉蕃茄往土裡一扔，便會長出小苗，個把月就會開花結果，再等一陣子果實呈現紅得透亮，即可隨意摘取放入口中，真是有味極了。我每年都會栽下幾株小黃瓜，可能是童年記憶，也可能是太過易種，黃花一開，結成小黃瓜就不遠了，年年都稱得上結果纍纍，是非常有成就感的植株。

冬天時我的菜園基本上比較荒涼，一來冷颼颼，二來沒有溫室，土淺土薄使植物生長得不太好，我偶爾會試試茼蒿、生菜等少數幾樣植株。而原本不被看好的高麗菜，竟意外結出一球，雖然一餐就解決了，但卻喜上眉梢。

讀友看我ＰＯ出豐收的照片，以為我這綠手指有魔法，問我祕訣是什麼？其實沒有祕訣，就是用心。

屋頂花園現有檸檬、桑椹、芭樂、橘子、金桔、杏樹、桃樹及木瓜等等，彷彿一座小型果園，花團錦簇，其中以芭樂最搶戲，我必須與蜜蜂、鳥兒比賽速度，勝者為王，但多半平分秋色，牠們吃剩的我吃，套袋是唯一可以獨得的辦法，但也因而少了玩趣。

蔬菜不足以當事業來幹，無論是地瓜葉、芥蘭，高麗菜、茼蒿、小白菜，A菜，無一不鮮，與超市裡的菜色相比，鮮度高下立判，猜得出來那些躺在櫃架上的菜不知採摘多久了，早早失去鮮度。這些年種菜也讓我有些心得，一心耕耘真是一分收穫，種得好沒有訣竅，唯有把事情放在心上，澆水、施肥、除草、剪枝……，方可栽園青綠。

這些花花草草，瓜瓜果果不時教我一事，原來生活這麼簡單，有努力付出就會有好結果，澆水、施肥、除草都做了，剩下的便是等待，八月的瓜交給八月，不要強求在五月，人生本是一種因緣，需要一個俱足。

花園中除了菜之外，還有花樹，我無法複製種出供人攀爬的樹，但高大的櫸木樹下放了一把躺椅，成了我的沉思處，也是有味的，聽聽鳥鳴蟬叫，遠方蛙兒清唱，心池便平波下來。

陶淵明「心遠地自偏」一直是我迷惑時的的人生解答，人生不是由金錢決定，而是心。我家有個質感非凡的紅泥烘爐，破損一小塊，我用ＡＢ膠手術復原，種上傘蕨與金錢草，便是很美的年節造景，它之前肯定是用錢買的，但因破損而被扔了。

檜木泡腳桶應該值上千元，我撿回來種植睡蓮，花開不斷。

社區住戶一年加總起來扔棄的金額少說百萬以上，甚至幾百萬，這些都是白花花的銀子，但並沒有替他們創造更優雅的人生美學。

羅丹說：「這世界不是缺少美，而是缺少發現美的眼睛。」

的確如是，生活也是如是，很多事物本就存在，但一直未被發現，只因文明的速度實在太快了，生活步調難以慢下來，造成很多事只剩起點與終點，除了視覺之外，我們的聽覺、味覺、嗅覺幾乎都快消失不見了。

回復香味世界

三國名醫華佗發明了香袋，用的是丁香、檀香等多種芳香中藥；對治療肺病有明顯效果，是胡椒、花椒、肉桂、茴香、陳皮等香料合成的五香粉，具有溫中暖胃、驅濁辟穢、殺蟲滅菌、刺激食欲的功能，埃及、印度、阿曼、葉門等國，把薰香當成生活，彷彿置身在「香味世界」。

我喜歡香味，樓上屋頂花園我劃出了一區香草植物園，有略帶清淡的木

香氣，別名愛情草，被譽為「香草女王」的薰衣草，我常用它做為精心擺盤的一個裝飾品，在我的套餐插上一枝薰衣草便有了美的味道。

全株散發如丁香般的芳香，別名西洋九層塔，被譽為「香草之王」的羅勒，我常用它來炒蛋，或在滷肉鍋裡加上幾片葉子加以提味。

全草散發強烈的甜藥草香，別名麝香草，被譽為「香草公主」的百里香，將它灑在浴缸泡澡也是不錯的選擇。

清涼醒腦的香氣，別名夜息香，被譽為「香草王子」的薄荷，我把它與檸檬、甜菊調和在一起，成了夏日的優質飲料。

花園中還有花色淡雅，散發強烈的藥草香，別名聖瑪利亞的玫瑰，被譽為「香草貴族」的迷迭香；略刺鼻的藥草香，別名洋蘇葉，被譽為「香草平民」的鼠尾草，以及略帶檸檬香氣，別名檸檬香薄荷的香蜂草……

我的研究性格極強，常常把這些香草植物隨心摘取幾片，塞入不織布中，用手扭扭捏捏，擠一擠便成了現成精油；扔進水中，便成了可以用來放鬆，安神，解除緊張及焦慮，有鎮靜效果的自製「泡澡香球」了。

05

浴室裡的哲學家

打球後，滿身是汗回到家，扭開水龍頭，放了八分滿的水，丟下一粒香草球，整個人躺在澡缸裡，手上是一本新買沒多久的書，作者：丁松青神父，作品：《從彼山到此山》（大塊文化出版），本來只想翻翻數頁，卻一發不可收拾讀了大半本，直到全身冒汗為止。

他的早期作品《剎那時光》我讀過，文中一直讓我想著的「他方」一詞，是李白詩中的「但使主人能醉客，不知何處是他鄉」的他鄉已是故鄉，還是陳寅恪《憶故居》裡的「松門松菊何年夢，且認他鄉作故鄉」的不得不然？

閱讀大半本新作《從彼山到此山》之後，我確定他表白的是隨遇而安的把他鄉變成了故鄉了。

丁松青原是黎巴嫩後裔，這本書是他的追憶之行，重返他外公外婆的生命之旅，思想他的家族流浪史。他們從中東流浪到了美國，而丁神父則由美國流浪到了台灣，山是共同意義，山在他們來說都不是橫亙而是跨越，從有血緣的地方來到沒有血緣的泰雅族山區，我因而讀出了其中最大蘊藏的動力

可能是「愛」。

他是移民，我們何嘗不也是。十九代之前祖先也是一路移民到台灣，猜想他們應該可以遠溯到武則天的年代，命開漳聖王陳元山到南蠻開墾開始，一路來到了福建定基，他鄉便慢慢成了故鄉。

祖輩移民多半是為了討食，因而再次轉進來到宜蘭，丁神父漂洋過海則是一種愛，價值與價格在此有了差異：價格的思考，多是多，少是少；好是好，壞是壞，少了不同元素的撞擊，人生變得非常平鋪直敘，欠缺味道；丁神父的價值顯然不同，他的傳教布道用的是奉獻。

人生下半場，在心理學家的眼中是屬於「追憶」的，一般人會追憶童年，但聰明人會想像大樹一樣盤旋而上追尋幾個世代。看完這本書，我也很想回去先祖的故鄉福建詔安，如果有可能，沿著陳元山的路線回到唐朝，我猜那歷程一定很有意思，難保不會在夢中遇上武媚娘。

獨處的妙處

浴室的曼妙不只是獨處，還能闔上眼便天馬行空胡思亂想一通！

據說愛因斯坦的「相對論」也是在水中思考的結晶，阿基米德著名的「浮力原理」，靈感也是藏在水中。很多文人作家的創作也是以水而生，川端康成在冒煙的溫泉池子裡，產出他的《雪國》、《伊豆的舞孃》；史料記載著名的文學家蒙田，也很喜歡到浮日區首府艾普隆比耶爾泡溫泉思考寫作題材。

這些文人先輩的「浴室學」讓我對它有了不同層次的理解，我對水的仰賴日深，有時在浴缸裡一躺便是半小時、四十分鐘，其中有一大部分時間只是泡著休息，或者想著打造我的文學王國。

當浴室使用近二十年時，我突然萌生回春拉皮的打算，想讓它重新為我服務。如果是二十年前，我斤斤計算的一定是費用，而今捨得，是因為想一勞永逸換妝美學，因為未必會有下一次更動浴室這種大工程了，或者一、

二十年後，我也老了，主宰權並不在我手中。

只是次次回回溝通，都得不到滿意結果，包括師傅取樣來展示給我的磁磚樣品，我都上不了心。最後直言我要自己挑選，由他負責施工，他面有難色，我一眼看穿其中的眉角在錢，我答應他該得的利潤會補上，但不可忽略品質，他才開心放手。

最後我選用耐看的老式紅磚，搭配義大利彩繪磁磚，它們之間的反差成了有趣的美感，掛上兩幅版畫，清朝骨董方桌擺上一盆伯力恆之星，舊室新妝的浴室誕生了，我又可以在此獨處相事寫文章，因而突兀想起了歌德的說法：「把獨處當成才華的培養所」。

沐浴靜心，香味因而無所不在，如果不上樓摘取新鮮的香草，最簡便之道便是花錢購買精油，這是我慢日子的必備，一瓶八百、一千元的純精油，至少可泡三十次，細算起來泡一次頂多二、三十元，只要少去一回七九九元龍蝦鮑魚吃到飽的餐廳，理論上就可以買上一瓶了，不是嗎？

復活嗅覺

慢日子以來，人生不再像過往一樣緊迫盯人，開始覺知到身旁擦身而過的一切氣流，包括迷人的香氣。

我樓上花園還有飄香區：文人迷戀的八月桂花香，周星馳的含笑半步癲，一直長個不停的睡蓮，鄰居養不了送來寄放的玉蘭花，移植回來開得香氣溢流的野薑花。它們除了可以聞香之外，還可入菜，野薑花雞湯便是游家

「獨門配方」，香郁好喝。

蕭伯納說：「人生有兩齣悲劇：一是萬念俱灰，另一是躊躇滿志。」的確如是，尤其是自覺偉大的人，常常會把自己的狂想誤以為是夢想，日子慢了下來之後我也才逐漸懂得區分，人其實是渺小的，適合做好自己；我也明白了，夢想根本是兩件事！夢，是一種欲望，很像志願，如果可以選擇，人們多半會選：富翁、科學家、醫生、教授、藝術家、作家等等；想，是一種行動。我們不是缺少夢的空談，而是沒有執行力，好像汽車與汽油的關係，沒有油的車子叫商品，添上了油才可以行動自如。

空思夢想，永遠做不到的叫作妄想；很久才做得到的叫幻想；可以做得到的叫作理想。

牛頓說：「愉快的生活是由愉快的思想造成的。」

日子慢了下來之後，時間多了，醉在香氣的世界裡，思想的確添了愉悅，生活也跟著愉悅開來。

06

灶的美好時光

岳母年紀大了，說要來台北住上幾天，太太徵詢我的意見：「好嗎？」

「當然好呀，我們只剩這個共同的媽媽。」

我們安排出門旅行，陽明山、北投、石碇、深坑……，彷彿菜單任她挑選，最後挑中深坑老街，一來可以閒行，二來吃吃道地的深坑豆腐。一家老宅咖啡屋門口有個告示牌子，寫著「百年古灶歡迎入內參觀」，這行頭鐵定是媽媽慣常使用的道具，她有興趣極了，非常仔細端詳這口照應過一家人餬口過日子的灶，彷彿穿越了時光隧道，定睛看著屬於她的記憶，同時也引動了我回想起在灶口下升火陪伴媽媽的年代，那個屬於成長的有味日子。

我的廚藝堪稱入流，上得了書房，也進得了廚房，一桌五菜一湯難不倒的技藝可能與灶的炊煙美食有關吧！

我的灶前歲月

我家也有一口灶，製灶人游丙丁是我父親，那是他用手推車推著從一公

里外的磚窯工廠買來的磚塊，再找鄰居用換工記帳以後採收償還的方式，一塊塊砌合而成的，它藏了很多的童年往事。灶成之後，我的工作便確認了，專司負責到附近的第一公墓把相思樹枯枝拾起拉回來，再用火柴劃出一道光芒，有耐心的一次再一次嘗試升上火苗，黑煙燻了滿屋子，咳嗽不停，直到煙散火出，媽媽則負責煮飯作菜，填飽我們的胃。

煙嗆的日子其實是苦差事，我卻樂此不疲，因為最後可換得一塊年節要用的菜頭粿，「灶」因而聯結了我、食物與記憶。

我喜歡灶裡炊蒸出來的芋頭粿與菜頭粿，簡直人間美味！村子裡只有一家輾磨坊，節日之前的好多天，一大早就有人提著米到磨坊，辛苦排隊磨米汁，我也是其中之一。磨出一大桶米汁之後，再由我與弟弟扛回來交給父親，他用扁擔壓乾米汁中的水，拌入菜頭泥或者芋頭泥，入火煉丹，蒸騰七七四十九分，或者更久，便可煉製出香氣逼人的粿了。那是濃得難以化開的記憶，我因為功勞卓著，常常可以分得第一口。

辛苦製作出來的年節菜頭粿多半不屬於我們家獨有，媽媽切好，我得

依照指令分頭配送給別人，他們之中有必須經過傳說中竹子會垂下來等人一經過便狠狠升起，把人彈飛的竹子鬼小徑，幸運的話才能抵達河邊交給三嬸婆；還有住在聽說鬼會從墳頭伸出手來捉人的鬼地方的阿狗爺爺；沒有子女的阿清奶奶的住處也怪嚇人的，家門口那棵大樹吊死過兩個人，聽說是交替鬼。終於功德圓滿，配送完畢，回到家的我早已嚇出一身冷汗。

這些全是假的，但小孩把它當成真的看待，因為怕著反而記憶深刻，成了多年後的美好回憶。

對於祭灶神父親很慎重，這是合情理的，因為它給了我們美食又教我人情義理，炊製出慈悲喜捨，讓我比別人更早懂得助人不是錢，而是分一杯肉羹給人的用心。

灶的炊煙時光結束了，再美好的飯食也是飛灰煙滅的陳年往事，時光不可能倒流，記憶終究只是記憶，但再度看見百年的老灶，還是快意的得了一個……念想。

廚房的藝術美學

廚具隨著使用與歲月淘洗慢慢老化了，預備歸隱之前，我們不得不四處打探一套新的，但價值與價格一度讓我陷入長考。

十七萬、十萬、六萬，各自代表不同形制的廚具，價格上的差異極大。實用的六萬那套就行了，照樣可以煮出四菜一湯，但會後悔十五年；十七萬的那一組兼備藝術與功用，站在爐子前面很像米其林大廚，一看便上心。我決定設定目標用六萬的價格買十七萬的價值，決戰於殺價之外，最後各讓一步成交，戰利品因而進駐我家。

藤編的置物籃非常吸睛，怎麼看都迷人，可以用來擺放新鮮現烤的麵包；兩個展示櫃也極為迷人，打上投影燈便變得斑斕繽紛，特有味道，我出國行得到的一些戰利品依序擺放，扭開燈後記憶川流。

這套廚具有一套盤子專屬的收納櫃，一些得自老英國時代的美美盤子，一片片上架，用它擺盤，晚餐自動升級成法式料理。

廚房的牆上多了兩幅小畫、一座英國老鐘……，我們還加做一套木工場的掛櫃，至此廚房便不只是煮食的地方，而更像是藝廊了吧！

必要與不必要，我的理解與眾不同，吃飯皇帝大的吃是必要，美麗有味的廚房便是必要，用心烘焙的時間也就必須挪出來，一點都不可以省。春季涼爽宜人，我會在一早就上樓採摘一些生鮮蔬菜，夾入以中筋麵粉調合並煎出微焦香氣的餅皮之中，再加上一顆蛋，便成了活力早餐。

到馬祖演講帶回的老酒，煨蛋後放入手工麵線，大約有五分像真正的「老酒麵線」。我很在乎擺盤之美，這應該歸功於廚房之美吧，我才有心思把飯變成冰淇淋造型，魚切片調味混著蛋乾煎，最後煞有介事的插上一枝薰衣草，便成了美味晚餐。

用心煮食晚餐除了廚具之外，還有心態，我用心的想，上課的上課，上班的上班，家人忙了一天最是飢腸轆轆的傍晚，這一餐，不只補足每個人一天失去的體力，還有用來修整親情。

我家保留一本手寫版的「點菜譜」，那是我的幽默傑作，只是想把枯燥的生活變得好玩一些，阿凡提說：「幽默是生活波濤中的救生圈。」我同意這種想法。

假日的前一天，我神祕兮兮的把孩子喚到跟前，告訴他們今天點什麼菜，明天的餐桌上就會出現所點的菜色，隔日清晨他們尚未起床前我便騎上單車，依著他們所點的佳餚，上菜市場購買食材，返家後慢條斯理的動手做湯餚，上菜時各個露出驚喜的表情，說我是傑克，逗得我好開心。

如果日子沒有慢了下來，我也不會變成很慵懶，當時間多了，點子便浮上檯面；慢吞吞的生活，反而多了一種幽默的溫潤。

07 餐桌上的哲學家

旅居法國二十多年的友人回台，相約用餐，席間他說了一個用餐的心得：

台灣人會問：想吃什麼？

法國人則問：在哪裡吃？

一句話道出台、法用餐哲學的大不同！

吃什麼？

在乎的是食物，直接聯想便物超所值。

上哪兒吃？

在意的是用餐的地點，氣氛佳為先，星空月色，山巒煙嵐，風花雪月，與雲霧繚繞，浪漫、優雅、悠閒、自在便會紛紛入題，用的是慢速度，兩者差異基本上是種哲學。

我們的三餐加總起來只會用四十分鐘來解決，省下來的時間並未使我們變成強國；法國人願意花上二小時慢慢享受味蕾上的味道，也沒因而變成慵懶蕞爾小國。但我們卻因而食不知味，人家吃出了法式料理每一口食物的風

情萬種。

如果吃是必要，又是營養的來源之一，為什麼要吃得如丐幫一樣的搶食，彷彿飯菜是偷來的，必須在第一時間別人未發現之前草草結束，煙滅證據似的；如果吃很重要，那麼每一口由口腔滑入嘴裡的食物，經由咀嚼，舌尖彈跳，緩緩在喉嚨打轉，讓食物呈現出原來該有的味道就是一件有意義的事了。

忙碌的年代，吃竟成了不得不的一種規定，中午十二點，晚上六點，餓了就得以物就口的必要動作，卻又草草了事，無法真正慢下來好好享用。用餐這件事本來應該是忙碌之後的一種歇息，停了下來的「放鬆協奏曲」，但卻使之變質成了一種止飢罷了。

一天二十四小時，醫學專家的研究點出一個事實，我們只擁有四至六小時的精力充沛，無法二十四小時全數用在工作上，忙不更迭的運轉本來就不是好模式，最好是「作與休」同時並存，好好用餐不過是串連這個時段的美好時光，理論上速度應該是緩慢的、優雅的、淡淡的、沒有雜念的，食物這麼重要，所以不宜省下一點點錢買下不安心。

一分錢一分貨

我一直不相信CP值這種蠢理論，一分錢一分貨是天經地義的事，不可能有讓步空間，當我們不給辛苦替我們準備食材的人賺到應得的錢，塑膠蛋、橡皮香腸、死豬腳、地溝油、砷皮蛋，保證陸續登場，進到我們的腸胃之中。活著其實不難，大約就是一口氣，吸得進去吐得出來，就活了下來，剩下就是一口飯了，也不難，人人有錢賺才是好的供應鏈，便大家全活了。

我對吃的要求與眾不同，不一定是貴的，但一定不要貪小便宜，給賣者活物，我們才會得到相應的好物，如是方可得雙贏。

我的書房裡有一本二手書店買來的好書《飲食規則》（大家出版），內載八十三句飲食智慧，淺顯易懂，但句句微言大義，充滿哲理，從中受益良多。

書中提及就近向農夫市集的自耕農買菜！

我正是如此，向山中小農購買他們用餘暇時光種植的蔬菜，菜農婆婆告訴我，不可能撒農藥，那是要錢的咧，而且自己優先吃，所以請放心。

「超市不賣食物！」

太有道理了，雖說我無法與超市完全斷絕臍帶關係，但標示上有「抗氧化物」、「飽和脂肪」、「ω~3脂肪酸」、「多酚」、「葉酸」、「益生菌」……這些我不懂或完全不懂的名詞的物品，我多半敬謝不敏，因為不懂，為什麼還要不忌口的花錢買來吃？

浪漫的盤子

慢了下來，身旁處處都是禪。

飲食、餐桌、餐具，成了一門美學，讓用餐的氛圍顯得典雅；一盞燈、一盆蘭，或者一件茶器、一把壺等等，都可以替用餐加分。我的餐桌上永遠

會有一只水果盤，因應四季變化，溫度高低，腐敗的時間，盤底有深淺的差別：夏日不宜久放，水果盤子是淺小的；冬天可久放則用深寬型的。心血來潮，點上幾根蠟燭，家頓時添得了暖意；餐桌有時是書桌，用來校訂新書的稿子，泡上一杯薰衣草茶、一杯咖啡或一壺茶水，便興味盎然地把修改文章化約成一種舒活了。

琳琅滿目多種式樣的歐洲骨瓷盤子，是慢日子之後一點一點收集的，它們讓盛裝的食物增添色香味，即使因而需要多支出一筆額外的費用，我也甘願，因為它們讓飯桌成了一門藝術。

法式料理的精神我漸漸懂了，盤子是關鍵之一，一個漂漂亮亮的盤子，添了一朵花，加些香草，再放上用心大約就是高級料理了。

我家美麗的盤子多半高貴不貴，除了一些從英國帶回來，以及好友贈送的之外，一部分是二手的，得自台北民權東路民權橋下的一家風情萬種的「歐洲二手跳蚤市集」！

美是主觀的，也是客觀的，喜歡便是王道，用浪漫的盤子來擺放香煎的菜脯蛋、薄鹽鯖魚、蕃茄炒蛋等尋常的菜色，檔次馬上升級，溫潤了生活。

筷子的思考

上海有一位八十七歲老翁藍翔，他用三十多年的時間，收藏了二千多雙各類筷子，出版了八本有關筷子研究的書，被稱為「藏筷第一人」，還因此成立一間「筷子博物館」，近二十年來都是免費讓人參觀。

他是我認識的第一位大陸朋友，後來成了我的忘年之交，這間藏筷館裡有一方題字是我這書法門外漢題寫的。藍翔的筷子收集最早到唐朝，韓國、日本和泰國的筷子也都進了藏寶樓中，材質各異，從金、銀、銅到象牙、翠玉、竹木、珊瑚、獸骨、青銅等。

這位老人讓我懂得小小餐具裡的非凡技藝，吃中藏美，讓它們不只是食具，而是美物。

筷子是實用品，菜市場一把十二雙賣一百元，所以一雙三十元算貴的，一百元是非常貴。但在京都旅行，偶遇一間有味店面，是把筷子當成禮物的，精美的包裝使人凡心大動，一雙單價三百元台幣的鎏金筷子打動了我，不假思考便買下了，那是我擁有的第一雙高貴筷子，至今逾十八年，保證是王寶釧了！目前還在使用，經常帶出門，我的一品「帶吃待衛」，三百元陪我十八年，一年的保護費不到二十元，應該是很便宜的了。

到大陸大連演講，在街頭發現一間「筷子禮品館」，印象中的價格高貴很貴，我看後並未買，但心心念念想著，回程發現他們贈送的禮物中正有我想買沒買的那一雙筷子，其心思細膩令人動容。

這些年來，我連湯杯、水杯、湯匙……凡是與用餐有關的物品我都跟著考究起來，葡萄牙Cutipol餐具上了桌，它的造型流線，兼具清新、實用、精緻，我用它替味覺加分，不是因為我有錢，而是有心想讓食物在色香味之外，再增添視覺的感受。

慢日子裡讓我領略了不少哲思，好的食物原來叫作簡單，最少的調味料，最省事的方法，加上浪漫碗盤，精緻的杯子，用最美的心情慢慢吃，人生如是，夫復何求？若慢不下來，這些道理恐怕也理解不來的。

08

一種愛戀：茶與咖啡

「七碗受至味，一壺得真趣。空持百千偈，不如吃茶去。」這是趙樸初對茶的理解，徒有空偈不如喝茶，這說法真是高明，我的體會漸次也是如此。

冬天凌晨四點多起床，夏天早至三點多，暗黑之時，天光未亮，我像遊魂一樣緩速走到客廳，隨興取出一把收藏的壺，用熱水淨身，取出茶倉，用茶則掏取一茶匙的茶葉，用日本老鐵壺燒開水，待水溫降至九十多度時沖泡，茶葉在水中舒展，成了綠幽幽靈醒的茶汁，以杯就口啜飲成一口的精神，那是我的茶生活，慢條斯理間看見了茶中是禪，是我放慢生活步調，有感人生無常之後的淡定。

年輕的時候，我覺得擁有愈多錢，愈快樂！

及至年長了，才發現放下愈多，愈自在！

這道理百分之九十九的人最終會懂，但常遲到，百分之百的人會後悔。

快速這件事肯定不是父母教的，因為他們一直都是用慢生活，連到果園摘果停下來煮一頓必要的午餐，我都看見父親用最慢吞吞的式樣埋鍋造飯，倒下米，一直等到飢腸轆轆才煮熟，有午餐可吃。

我的風馳電掣是科技文明加害的，不知不覺之中我便在台北的繁華裡上緊發條，有如機器人一樣活著，鬆了再上，上了又鬆，次次回回。

在定靜安慮得之前，有很長一段時間，茶在我的世界中不算是茶，而是提神的道具罷了，彷彿一種儀式似的，完全不假思索，就在某一個時間取出茶，放進水中，讓葉子展開鋪陳，五百毫升的大杯子泡解除疲勞的茶湯，牛飲而盡，再續上一杯。

楊慎說：「君作茶歌如作史，不獨品茶兼品士。」這種品茶方式基本上不在我的世界，至多是耳邊風。

甘甜清輕是選水四大準則，我壓根兒沒有想過、試過、用過，陸羽在《茶經》中說上水是山泉水，對我來說是傳說，我找不來這樣的活水泡煮煎出甘味的茶。

蘇東坡為了飲茶三絕：「茶美、水美、壺美」，於我如謊言，自製一把提梁式紫砂壺，作一詩：「松風竹爐，提壺相呼」，獨自烹茶自賞寫下多首很有禪意的回文詩「岩空落雪松驚夢，夢驚松雪落空岩」便是空言了。

茶遇見了禪

茶中有禪，禪中有詩是這些年來對於忙這件事緩步踩了煞車之後，生活慢慢停下來，理得了苦樂一瞬，端賴自己怎麼想。

「中歲頗好道，晚家南山陲。興來每獨往，勝事空自知。行到水窮處，坐看雲起時。偶然值林叟，談笑無還期。」

人生一直虛實相生，但皆可成妙境，不只金錢上的得取，還得有風花雪月的人間妙趣，雲遮雲散，偶爾一抹藍演出出雲記便是當下。

茶中不再只有飲，握著茶杯，晃悠茶湯，就有了思，一杯一飲不過是一個人的武林，蟲鳴鳥叫才是天下，人生只是窗內窗外，湯裡湯外，就一個

人，何必武林盟主。

茶美、水美、壺美依序進到我的飲茶世界之後，慢是收穫之一，讀是收穫之二，《雍正皇帝》（台經院文化）的作者二月河規定自己每天要做五件事：

畫一幅畫，寫一幅字，作一首詩，一篇短文，最後走路一小時。

這就是閱讀的好處，讀了，學了，做了，就是美事一樁。

我因而也有了三一計畫：

運動一小時，看書一小時，音樂一小時。

後來連用餐時間，隨隨便便都一小時起跳。

咖啡的慢世界

當一杯咖啡可以符合心情時，那就是咖啡的魔力！

我喝咖啡漸成了一種心情寫照，但初時的確也是提神專用。

聽說五百年前，山羊吃了咖啡樹的紅色莓子之後，突然興奮的跳了起來，牧羊人好奇也嘗了一口，跟著感到興奮，於是誕生咖啡，這則奇幻故事我喜歡，至少喝得名正言順。

咖啡中含藏獨特的酸澀味道，入口苦苦的，其實我初始並不愛，但它的沙龍文化的人文故事卻很動人。

著名的教育家盧梭，哲學家叔本華停留在威尼斯期間，佇足流連的咖啡店叫作佛羅里安，緋聞不斷的拜倫來此邂逅古綺歐莉女伯爵，浪漫詩人謬塞坐在店內看景享受春光，亨利・詹姆斯的《鴿子的翅膀》的創作靈感在此成形。

偉大的物理學家愛因斯坦在蘇黎世期間常常閒晃的是歐笛翁咖啡館，大作家毛姆，則在這裡逗留書寫，並且從事另一個角色：間諜的諜報活動；撰寫《人類的末日》的作者卡爾・克勞斯喜歡蘇黎世的生活慢步調，下午起床，黃昏的時候走入歐笛翁咖啡館寫作這本反戰小說。

柏林的羅曼咖啡館，曾是德國著名的畫家、作家、藝術家的聚會所；羅馬的希臘人咖啡館是很多居無定所的藝家收發信件的處所，也是他們日常生活的消息來源；亞當．拉法葉．蒙斯、吉亞可莫．溫克曼等人是常客。

歌德喜歡這裡的摩卡咖啡，孟德爾頌、叔本華、李斯特、拜倫、濟慈、雪萊、馬克吐溫、霍桑等人……都是常客，在此度過餘暇時光。

維也納的克拉美雪咖啡館，就曾被喻為有學識的咖啡館，當時的客人之中，多是作家、藝術家以及大學教授，這裡還曾每週出版兩次《維也納宮庭報》、《法國期刊》、《政治期刊》等等。黑水便如同黃春明寫作時期的明星咖啡屋一樣，把人文與文化的風采隔入，一杯杯黑水彷彿征服者，提供了驛站、休憩所及幻想樂園般的空間，擄掠很多文人的心靈。

我的咖啡經比較奇妙，是被左岸咖啡廣告吸引，進而查出這個資料：

法國巴黎的塞納河蜿蜒西流穿過巴黎市中心，河以北被稱為右岸，以南則稱左岸。十九世紀的法國巴黎到處充滿了一種新興的氣息，一種拋棄過去宮廷浮華，開始講究屬於思想，那發自內心的清新氣質。

河的右岸逐漸繁華起來，成為經濟與商業的重鎮，左岸則一直維持藝術豐沛的人文思潮。當時咖啡館林立，裡頭有溫文儒雅的店主人，灰白的髮絲滲透著擁有一家咖啡館的驕傲。

右岸忙碌賺錢但卻身富心貧的人依著窗正巧看見了左岸的人悠閒的啜飲著黑咖啡，忙碌之後享受須臾片刻的餘暇時光，有人因而凡心大動過了橋，進到了左岸，點了一杯咖啡，學左岸的人慢調子過生活，因而明白人生不只要忙，幹練之外還要懂得優雅度日。

這故事是真？是假？

我懶得追求真相了，但卻千真萬確的因而讓我對拿鐵、卡布奇諾……有了喜愛，醉在濃烈香郁，令人垂涎的咖啡氣流中，偶爾會在天光未亮之際，為自己來上一客帶著露珠霧氣瀰漫香氣的黑水，悠雅啜飲，慢慢閱讀。

塞納河左右岸的咖啡成了我生活啟思，彷彿人生的縮影與寫照，左岸閒右岸忙，而今常常左手一杯茶，右手是咖啡，在茶香與咖啡香之間流淌而出的是哲思。

「忙世人之所閒，閒世人之所忙」，是我得出的結論。

09

臥房的遐思

一輩子在床上的時間最久，嗯嗯，我完全同意。

義大利的生理學家莫索寫過一本很有意思的作品，叫作《論疲勞》，提及人的生理時鐘一週只能工作五天，剩下的二天是用來休息的。為了證實工作需要足夠「安息日」的論述，他徵求一些筋疲力盡的人做實驗，要求他們工作五天之後，什麼都別管，回到鄉下住上兩天再回來，測量生理肌力的結果是完全恢復。他據此推論，身心俱疲是一種生理現象，解決的處方就是休息，躺下的地方就叫作床。

史托德在他的《漂亮過一生》一書中提到：「臥室要浪漫。」

一天二十四小時中，我即使沒有睡足八小時，進進出出之間應該也有八小時，占據一生的三分之一。

它是疲憊修復站，焦慮解除站，體力再生所……這麼重要的地方用來幹嘛？

我問過不下一百個人，答案幾乎都是一致的：睡覺。

沒有別的嗎？

索利說，一張床如果只用來躺下睡覺，不替它做些什麼，那無疑像一場瘟疫，一次災難，奇蹟完全不可能會發生。

臥室大變身

臥室被我定義成了美好休息站，不只用來睡覺，而且要很舒服，環境很重要！

臥室裡擺了一台成天播放著沒腦劣質節目的電視是不對的，我醒悟得快，換了新家我便決定把它趕出房門；即使是播放輕柔的新世紀音樂的音響，有著緩緩流淌的律動，我也不讓它進到臥室內。

燈具重要，我給予不宜太亮也不宜太暗的定調，我的房間依著不同的功能，裝上了一、二十盞燈具！

天花板上用的是崁燈，六個開關決定了不同方位的照明，營造出臥室浪漫溫馨感覺，柔和舒適的燈光，照亮整個臥室空間。

我請設計師順便加上壁燈，襯托室內氛圍，營造溫馨、藝術感受，柔和的光線，局部照明在臥室一隅，靜靜享受獨處的浪漫時光，淨化自己的心靈，享受難得的安靜美感。

我選用帝凡尼色玻璃檯燈當成床頭櫃前的閱讀燈，陪伴夜晚小小的乘字破文的讀書。

床的上頭有兩盞燈，床下有一盞地燈，吊燈從缺，燈具便不再只是放著光芒，還添得一份優雅。

日子慢了下來之後，我漸漸領略了玩燈的樂趣，左左右右，前前後後，像個玩燈專家。

床是主角，枕是配角

一張床墊至少會跟著我八到十年，或者更久，不可以為了一點錢而擇用含了異味、甲醛，彈簧一睡就凹的劣質床，六萬元的床如果睡十年，一年也才六千元租金，一天不到二十元，我喜歡這樣的游式邏輯，把床墊定位在必要開銷，想省但不能只想到省。

好品牌未必一定好，但沒有品牌可能不好，睡到背部痠痛，不是花錢買床的目的。

枕頭與人的關係也漸次被理解，遠行馬來西亞演講才發現腦袋瓜子是有記憶的，我頭皮下的枕頭高度常常與飯店附贈經常違和，真的苦不堪言。有一年我終於在行旅中停下腳步，買下一只專用符合我高度的枕頭，並且留下來放在主辦單位的家，成了我在大馬演講時的專用枕頭，陪睡半個月，走上四千公里的千里迢迢。台灣的演講如果真的需要過夜，我開始依樣畫葫蘆，偷偷置於後車箱，像賊一般偷渡到民宿房裡，換得好眠安枕。

如何挑選，還真是學問？

錢不是問題，我的意思不是我錢多到足以亂花不成問題，而是花在刀口上就是好消費，沒有關係。羽絨與棉花是我的唯二考慮，說不上理，也許是健康吧。

我不愛記憶枕，可能是不相信它可以適合每一個人，我相信唯一有記憶的是我自己，我的脖子長度、肌肉僵硬程度與人不同，依廣告的一定不舒服。

枕頭的彈性度一定要適中，我不喜歡太硬，也怕太軟，父親的木枕頭適合禪師，我睡不安穩，頭部不舒服，偏低睡起來很舒服，接下來便是花錢了。

我的被子

被子是我的奢侈品，華而不實的我不要，高貴不貴找不著，最後確定蓋上身保暖的，高貴中便有一點貴了，但真是滿足，沒有一絲後悔。

那是旅展時，親手摸到蠶絲的觸感，瞪大眼珠子親眼見著工作人員用最短的時間為我趕製出來，最後付費交上我的手載了回來的，為免閃失我連免費的宅配都省了，以免中途被掉包，夏冬都合適，果真物超所值，冬暖夏

涼，一床好被。

「錢是賺來花的」一直是我的格言，若真需要即使貴也不貴了，一萬元的被子，我已用了十年，一年一千元租金，等同睡一天才三元，能這樣子想，便覺得自己是數學奇才，應該得諾貝爾獎的。

門的幻想

傳統的門多半是推門，占用很多空間，我心血來潮把家中的門悉數改成拉門，源起是家人反應記者來採訪時，他們想要有隱私，不想被打擾，希望在客廳與房間之間加裝一道木門，請來門專家代工，成品果真迷人，原木的邊框，陶瓷拉把，毛玻璃設計，霧中帶明增添隱私感，風華別具，我自是滿意極了。

後來連臥室房門也全都更改了，詩人雷納馬利亞雷克說，臥室是折磨了一天，最奢靡獨處的天堂。

日子慢了下來之後，改造一間適合慢生活的家，四處皆宜慵懶，的確是重要法門，經過上開八道繁雜的工序，我的家正式邁入浪漫的行列，陪我度過有禪意的慢日子，麻雀雖小五臟俱全，更重要的是我讓每一個角落都有味道，甚至把布局延伸到了門外。

我與鄰居溝通，合力把臭鞋櫃擺回自己的家，並且縱容我在牆上掛上名畫，一直延伸到達頂樓，美得像藝廊。

記者來訪不由自主的告訴我，與我為鄰是一件很幸福的事，這個註解我喜歡，也算是慢日子的最好收穫吧！

IO

燈的美好記憶

工作室功成身退販售之後，三十多年來陸續買下的收藏品，竟成了搬家的災難，在往後的日子裡慢慢的一箱箱考掘，竟有了挖寶的樂趣，百年老油燈因而勾引出一些兒時記憶。

燈的照明在我的年代是或明或暗的，卻因而增添了不少的親情濃度，燈成了記憶的所在，我的美好人生圖譜。

我家的竹筍通常在凌晨四點鐘採收，需要油燈照明，掌燈童子多半是我，由於缺乏防風的罩子，常滅滅生生，我口袋裡便一直有一包火柴，隨時準備在滅了之後再點燃，即使前一天下午父親已把自己當成先遣部隊查看一遍，做了記號，但到了現場他還是會仔仔細細依著我的照明方位，再尋找一回透早才冒出頭的新鮮竹筍，油燈成了我與他的親情聯結。

「快去拿燈！」

這句話有兩層內裡，是媽媽挖我起床常常嚷著的一句話，音頻依我起床的速度有了不同高低，我馬上起來，音律是優雅的；我起得慢了些，節奏會變得急促，音頻也就調高了些。拿燈也可能是父親的語助詞，在採筍的瞬間

太暗了，他要求我拿近一些，讓前方亮一點。「油燈拿來」，無論誰發號司令，都是我人生地圖中很有溫度的一段記憶。

探險者

昏暗不明的年代，黑就是黑，夜空屬於星月的天下，一切是規律的，作休並濟的運行。

油燈是很重要的照明工具，它使用的是煤油，我家的丙丁雜貨舖子也有販賣，好像是用斤或者瓶計量的。大人的煤油成了我的嬉遊，將竹子切下一截，再取出一條沾滿油的布塞了進去，便是我們的探險，目標：員山第一公墓日據時代的防空洞。

這些老舊山洞從日軍撤離後，山林改成公墓，便從活人之境成了冥府走廊，洞中幽幽暗暗，放著先人遺骸的金斗甕四處散落著。我們魚貫走進了防空洞之後，最鮮明的是暗黑幽靜的氛圍之中的「滴水聲」，咚咚咚的增添

鬼氣；一陣風吹熄了火把，我們深怕有一隻手伸了出來，拉走其中一個人。大約是基於這樣的恐懼，練膽似的探險更是上癮著迷，怕又非去不可，通常走到一半，就會有人偷偷吹熄火把，大家一哄而散，驚恐跑了回家。然而我們卻一玩再玩，但這有什麼好玩的，其實我也不知道，在那個物質貧乏的年代，孩子們就是會自創出一些自娛娛人的把戲。

火把最後被方便的蠟燭取代，唯一相同的是光線依舊渾沌不明，但很實用，只要劃開一根火柴棒，便可以電光石火的點上。當年的電力嚴重不穩定，經常性的停電，蠟燭便成為我們的好夥伴，媽媽點上它，穿過三合院暗西的廊道來查房，再走到雞寮看看雞兒是否下蛋，但常被蹲在那兒準備偷一隻雞送給阿狗伯夫妻的爸爸嚇個正著，賊事因而曝光，原來家中少掉的那些雞並不是被猴子帶走的，而是更大隻的爸爸。遇上雞隻可售，或我要繳學費時，媽媽常常氣得掉眼淚，叨念老爸生吃都沒有了還晒乾？只是他們這對歡喜冤家最終還是一路相互扶持到終老。燈中的故事，淒苦、艱辛，但也浪漫、有味，甜甜如蜜，有如荒漠甘泉。

藝術「家」

愛迪生尋找了一千七百多次才找著的，替人類帶來的不是福氣而是巨大的災難，成了貪念、欲望、掠奪的共犯……黑夜變成了白天的加長版，燈具照明的美意消失殆盡，淪為工作狂的代言人，焚膏繼晷的一日復一日的忙著、找著一種叫作錢的東西。愛迪生是不可能早早明白的，他完全不知有了燈之後的人類，夜竟成了奢侈品。

如果沒有開悟，添些美好，夜便不再是美好的，還好「帝凡尼」先生適時出現，燈添加了美學，光芒奪目之間，教人慢下腳步。

我是受益者之一，把帝凡尼想像成了油燈，回到它的慢節奏，燈下定心思考黑與白之間的肌理，理出工作的意圖應該不是工作罷了，金錢也非工作最重要的謀奪，而是辛苦得了錢之外如何營造出來質感，美便成了其中的串連者，最優雅的的詮釋，工作得到的獎賞，我開始懂得把它用在刀口上，加油添醋挹注了一些浪漫的味道，不當錢奴，而是把錢取來奴一奴。

買了一把日本鐵壺以來，天光初亮，我起身的第一個動作慢慢改成了先到廚房燒開水，沖泡出淡淡飄著清香的包種茶，再坐定於讀書堂，扭開書房鑲嵌瑪瑙的帝凡尼燈，打開電腦，一字一句敲下文章中的幾個字，一個章節，或者幾段話，再用它閱讀出一點人生哲理。

帝凡尼的燈下日子不知不覺成了我的生活習慣，每天用靈感寫下的隻字片語，即使一天只寫一千字，一年也能寫下三十六萬多字，相當於好幾本書的書稿，讀書堂聽雨軒裡寫字樓上二十年歷史，累計出版的書應該已有幾十本了，彷彿這便是帝凡尼的貢獻，如果讀者真的從我的書或者臉書中的字裡行間之中讀出了愛、希望與夢想，那真的應該順便謝謝帝凡尼先生與他的燈。

它是慢日子裡我的伴陪者，書寫出來白是白，黑是黑的道理，星月的夜空，黑才是王道，只有一片漆黑方可襯托出它的光芒，微星之美在於漆黑中的一點亮。

我家的帝凡尼燈逐日擴張它的版圖，從一盞開枝散葉成了愈來愈多盞，黃光的色調，在冬夜寒凍裡代表了暖心，玄關處入門的那一盞燈代表等待「歸人」，意象真美，如一種守護。

臥室裡床頭櫃前的帝凡尼燈是我的「催眠師」，讓我讀沒幾頁便會夢周公去了，它非一盞燈，而是一種浪漫、藝術與想望。

忙了一天，拖著一身疲憊回來，沐浴更衣坐定沙發，扭開的那一盞帝凡尼燈是「心理學家」，管它今天做了什麼，明天該做些什麼，它是靜謐溫馨的氛圍中的一種心靈療癒。

老師：你好有錢哦！

「胡說，給我拖出去……了。」

說這話的人一定不知道我買的不是色彩斑斕，古樸典雅，義大利進口，一盞二十多萬元的……而是大陸代工，市售牌價約莫二萬左右……，特價打折時數千元可的……那盞。

美美的燈不再是忙的代言人，而是讓家變成藝術「家」的工具。

第四篇
不花錢的自慢生活

孔子有七十二大弟子，各個才華洋溢，顏淵、閔子騫是德行者，宰予、子貢擅長人際關係，冉有、子路專精政治，閔損、言偃、端木賜、仲由、冉耕、冉求、卜商等人則像哲學家……

各個都有才華，但孔子口服心服的只有一人，那就是顏回，「一簞食，一瓢飲，在陋巷。人也不堪其憂，回也不改其樂。」自奉如此嚴格，連孔子自認都做不到，所以他說：吾不如回也。

顏回的生活型態算是「極簡生活」的始祖，「少即是多」，不花即是得，道理夠簡單了，就不必為了得到炫目的物品，用盡所有的時間，換得的卻是壓力與煩惱，役於物與物於役是截然不同的，沒有人敢說錢不重要，但人生也確實不只是錢。

捨有時是得，捨錢得了時間，換來更多屬於自己的慢日子。

數星

無所事事數著天上高掛的星兒，一顆星、二顆星、三顆星數著，直至三百、五百就亂了套，忽而想起天文學家推估下的偌大宇宙，至少有一千二百億座廣大無垠的銀河系，每一條銀河大約藏了一千億至四千億星球，在1200×1000億或者1200×4000億的浩瀚星河中，我們不過是其中之一顆星球中的一個國家裡的一個地方裡的一個人，何其渺小？

宇宙粗估有一百五十億歲，如果它是一天，地球的四十六億歲大約不足八小時，人生百年應該就是幾毫秒吧，人呀，大約一瞬之間，真的擋不住春歸，旖旎春色就馬上消褪了。

觀星望斗只不過是一個動作，誰都能做得到，為什麼得有人提醒？為何一定得上山看了滿天星斗才懂？城市裡的速度感真的快到讓人窒息，竟連一個簡單方式都釐不清了，各個成了無魂有體的稻草人，把看星聯想成玉山、阿里山的「專有名詞」。

夏日蟬聲嘶鳴，白晝牠高踞在枝頭上，恣意播唱之後，夜涼了輪到草蟲登場，就屬於星空了，光害的確遮住不少星星，但幾十顆總是有，重點在心，躺了下來，要的不過是在一種忙碌之後為自己按下暫停鍵，騰空淨化飛馳的思考。

兒子告訴我，最有印象的一件事並不是陪我打羽球，而是走出家門，上了二十多級階梯，打開頂樓的鐵門，各據一地躺了下來，靜靜凝望天空的數星的夜。

他看了什麼，想了什麼我不得而知，但數星的夜我也是印記深刻的，有如恆河沙數的銀河星球宇宙，人何其渺小，為何要爭？爭什麼？

錢是什麼？

成就？名位？財富？

多是好嗎？

人生真的需要這麼多？還是多半只是想要？

人類真的需要更文明嗎？

文明牢房

我的書房裡有一本書叫作《第六度文明》，內容以科學性的查考發現文明至少有過六次輪迴，每一次都毀於高度文明，可能只要兩顆毀滅性的核子武器，人便又再一次進到蠻荒，回到起點。

金錢的年代，我們是主宰者或者被主宰，我在報上看過兩則新聞：

1. 有人說要控告古歌，理由是：偷竊人生！
2. 有人失去帳號之後失聲痛哭：從未有過的絕望，往後怎麼度日？

如果有一天，我們真的完全失去了古歌，IG，FB，賴來賴去這些收集按讚數，收集生活，收集人生歲月的平台，有多少人還會生活？

二十一世紀原來叫作全民被綁架的世紀，你唯一能做的事叫作「同意」，同意別人用各種方法無償取走你的錢，再一點一滴取出你的人生。

不能說的叫作「不」，科技文明想取走你的一切，你不能不同意。

4G來了，5G等著，很快會有6G、7G，我來看便是小偷又來了，聯合來偷錢的，我們除了一直傻傻的掏錢付費之外，有什麼好處？

難道打完電話之後會掉出摩斯海洋珍珠堡？或者一張電影折價券？還是和牛大餐？事實上什麼也沒有！錢這檔事只是讓我們變得愈來愈像個奴，以前都以為梁山泊是歷史的事，小說的橋段，沒想到攔路打劫的山大王是真有其事，更怪的是，我們甘心被搶。

父親給我印記最深的形象不是員外，而是閒人。他不是有錢人，但也沒有因為錢的事常常愁苦，即使我家的作物並未達到豐衣足食的標準，但他還是可以在夜裡停了下來，無所事事。

文明像牢房綁架你我，日子不停逝去，年歲不斷老去，慢不下來的生活真是好事？

OI

山中慢生活

欣賞《聖母峰》這一類的電影或者紀錄片時，往往不由自主產生這樣的迷惑，如此危險的眾神山嶺，就一座山而已，為什麼一直有人前仆後繼，甘冒殉山的危險，勇於挑戰攀登？《聖母峰》一片也提出相同的問題：「為什麼要登山？」

挑戰自己？挑戰人生？征服？或者單純的喜歡冒險。也許都有，包括沽名釣譽的人。但在自己也開始很認真的爬山以後，懸在心裡的一些問題開始如剝洋蔥般，漸次被解開，露出來的是簡單的答案，就是去爬山。

遇上的驚險、恐懼，直接面對大自然威力，都是無可避免的考驗，但從中到的是哲學。

大自然就像人生，一直給人新的感受，登山遇難的風險必然存在，我曾經跌下十公尺的深谷，但卻安然無恙活了下來，但是打滑不慎滑落在瞬間，我想什麼？活！活了下來之後便是哲學，有一段期間我努力活好每個當下。

登山慢慢被我理解，它不是我的工作，我也不是尼泊爾的雪巴人，必須

為了生計，再苦、再難也要跟著登上聖母峰，它只是我的道場。我知道一個人爬山的風險是難以估算的，但我還是習慣一個人，一只背包，一壺水便上了郊山走走停停，行到水窮處坐看雲起時的領會生命意義。

對我來說，登山從來不是我的冒險，多半的時候不過是一趟單純的心靈探問。

曠野的聲音

我的好朋友荒野保護協會的創辦人徐仁修告訴我，他隱身山林的那段期間常常與很多登山客在山林中相遇，他發現很多人只是「征服者」，步伐輕快的攻頂成功，拍照、插旗、下山，行程中很少停下腳步，側耳傾聽曠野的聲音，松濤的沙沙，山的曼妙。

我懂他的想法，即使再小的山都有可能是一位好的哲學家，站在雪山山脈向北延伸的山稜凸點皇帝殿，標高五百九十三公尺的頂點上，回頭凝望整條狹瘦的岩稜，剛剛走過的稜頂有如刀削斧劈只有一人寬度，一邊是近乎垂直的懸崖，另一邊卻是與地層面平行的傾斜坡，每個人在此都不得不彎腰低頭，放慢速度，真是驚險刺激的山勢。這裡在千百萬年前卻是海，山與海的界線在滄海桑田裡變得模糊。

我在山中因而記起梭羅在《湖濱散記》裡書寫的這一段話：「我入住林中，只因我想審慎的生活，面對生命中重要的事……我不要在臨終時才了悟未度過真正的生活；生活極其珍貴，我不願虛度……我要深入的生活，吸取精髓。」

「懂」事長

一個人的山往往不只一個人，每一次都可能遇見心中的自己，也可以遇上現實中的別人。

二十多年前的有一天，我一個人攀登孝子峰，巧遇一家企業的董事長，也是一個人。我不愛自拍，天地景物全在腦海中，他喜歡自拍，但一個人很難拍，我便一路權充他的攝影師，在斜度五十的山路上替他留下身影，直到在山巔涼亭休息時才告訴我，自己擁有一家公司，職位是董事長，但是那一天星期三，他沒有在辦公室裡。

他說：「我是被工作追著走，錢趕著跑的董事長，最近幾年積勞成疾，生了大病，動了大刀之後才慢了下來，開始懂得當『懂』事長了。」一字之差卻天差地遠，他的手機在山上只剩一種功能：拍照，公司的事全權交給總經理，他戲稱否則花錢請他來幹嘛，他覺得對公司放手，其實也是對自己放手，拿得起放不下，人生便太過沉重了。

謝謝他把這些哲理提早告訴我，即使過了二十年，每每想起還是受益良多，人生最容易的是提得起，放下很難。

工作讓他有了成就，竊取金錢，但失去健康，生病之後，他才理解，這三件事原來是同一件事。

「想法決定作法，作法決定人生！」

那一天我們在岔路分道揚鑣，離別前他送了這句話。有段時間星期三成了醍醐灌頂紀念日，特別「放」一天假。

身旁的幸福

我沒有受過重訓，也不想爬聖母峰，我家附近的小丘陵便成了我的首選，經常一個人擁抱一座山，但無論何時，擦身而過的人真的不多，理由是什麼？

我們太忙了？或者不懂得偷閒？

從一旁的海巡署，穿過有歷史痕跡的眷村，經過一座池塘便是其中一側的入山口，標高只有一百五十公尺，是一座實在的小山，但視野極好，可遠眺景美溪，清楚看見台北盆地。

拾級而上，沿途濃蔭密布，不同時節，不同繽紛的花朵綻放迎賓，二月迎接山友的是曼陀羅花和緋紅山櫻花，在冬、春之交吸引鳥類與昆蟲來訪，四、五月間是「五月雪」油桐花紛飛的時節，紅肩粉蝶豔麗身影處處，六月黃蕊白花的月桃花盛放，山龍眼開花預備結果。

山頂上有一處供我停下來休憩的祕密基地，一座小鞦韆，我通常會在中午前後爬高至此，取出預備的飯糰用餐，在那兒遛出週二的悠閒，天大地大，此時此刻我最大了。

我住的社區約有三百住戶，一千人上下，大約半小時便可以攻頂的小山丘，真正上過山，體驗山林野趣的人，應該屈指可數。

就在愛一個人

截至目前為止，我依舊喜歡一個人的山，可以隨時說停就停，慢慢的，慢慢的走，恣意妄為的行穿林出林，有力走上一段，沒力停下一會兒，走走停停才是人生。

我經常被問及哪兒來的時間偷閒？

事實上我鐘錶上的一天仍是二十四小時，不可能有人多給的，少了藉口一定多了曼妙，做與不做僅在一念之間，人生如果多了想要，就會添了貪婪，加減之間化約的則是時間，這個公式不太可能改變，端賴我們怎麼想？

自己若不愛自己，別人是愛不了自己的。

人生是一門「比較級」，年輕時可能錢是一切，後來錢比快樂重要，及至半百以上應該懂得時間比金錢珍貴了點……

這是三十年來，山教我的事，而今我還是喜歡一個人的山，也開始喜歡用手機把自己拍成了山大王，但保證不是猴子。

02

海邊的卡夫卡

坐在野柳自然公園的哨台上，抬頭凝望廣闊無垠的海洋，思緒跟著無限延伸，眼前地景嶙峋，都是經過千萬年的拍打雕印打造的刻痕，一個刻度的分分秒秒在此便相形渺小。以往我都是用遠觀快速的方式與海邂逅，它不過是我從宜蘭回台北，或者從台北回宜蘭的趕路等待隔一日繼續上班的路過。真正下海扮魚應該是友人再三邀約，我一再「以忙之名」婉拒，最後在龍峒岬海灣第一次著裝下海，透過浮潛鏡欣賞了悠遊自在，色澤繽紛的熱帶魚，很多念頭慢慢如莊生夢蝶一樣集結上來，從我非魚，我非魚似魚，到我是魚，認識了海洋、自己與人生。

南非開普敦附近海邊發現一種奇怪的生物屍體，不僅外型醜陋，還有一雙盯著人看的眼睛，被稱之為「魔鬼魚」。紐西蘭一名漁民在出海時捕撈到一只奇怪的「蝦」，「摸起來好像有鱗，很堅韌，像果凍一樣。除了體內一顆橘色小圓球以外，看起來完全透明。」

印尼水域發現身上布滿白色橫紋，胸前大螯鉤有很大的彈出力量，能在瞬間揮動它那棍子般的前螯砸向獵物的雀尾螳螂蝦，它能夠看到其他動物所無法看到的「另一個世界」。日本富山海邊經常可以看到一種熒光閃閃的烏賊，因為其發光的特性，被稱作熒光烏賊，這種烏賊通常七厘米長，發光部位在觸手末端，一般棲息於富山灣海下三、四百公尺深的海溝中，上百萬的熒光烏賊聚集在一起，可以把整個海灣照亮。

這些是我隨意在網路上瀏覽點選就可以找著的資料，讓我發現海洋真的很奧祕，它占了地球的百分之七十，但我們所知卻很有限，如果我是潛入海中的研究人員，估計每天都有新東西可以發現，很多物種可能是舊的物種演變而來，這個演化已有千百萬年，所以百年爾爾的人生在此突然顯得微不足道了。我該演出一個焚琴煮鶴的逐富者？或是悠遊自在的閒行者？在一次次海洋的調教之下，我的人生地圖開始有了一些奇妙變化。

暫停鍵

全身溼淋淋的原住民，剛從海洋水族館爬上岸，帶來一堆魚獲，在歌

聲中處理，其中有一條是河豚，他正費心的剔除毒線，預備製作一道美味的生魚片，淺淺笑說：「處理不好這條毒線可就麻煩，它可以毒死二十三頭牛、一百個人……。」

這位原住民朋友一度在大都市工作，做些雜工，賺足了錢後，錢繳了房租，吃了飯，買些東西就存款不足，他不知道這樣的人生有什麼意義？最後決定回到故鄉的懷抱，當海洋義工，他淨灘也捕魚，說那裡是銀行，海洋就是提款機，魚獲交給海鮮餐廳就有錢領，留下一些魚獲給家人加菜，如是一來比在城市可以多省一點錢，反而多出很多時間支配權，人生不再只是進行式，也有「暫停鍵」。

暫停鍵是我那一天除了海豚生魚片之外，得到的最美妙的味道，受益匪淺的人生義理。與我一起看海的婦科醫生更有感觸，那一天下午三點他本來還有門診，但決定按下暫停鍵：下午休診，中午用餐時他悟出哲理：「原來日子可以這樣過的呀！」

馬來西亞當地的華人給我相同的理解，大馬華人的人口占比約百分之三十，卻掌握八九成的經濟活動，左右著大馬實質的財務大權。大馬的國土從南到北縱軸很長，我們一站一站開車演講，從山到海，再由繁華的西馬渡海到森林的東馬。這個過程中我慢慢理出華人與馬來原住民的不同：一個是漂洋過海，為了一種初時叫作餬口，後來叫作錢的東西，勞苦賣命的奮鬥一生；一個是樂天知命的民族，有呼吸就有希望。他們不扞格的活在同一塊土地上，我卻看出了不同的人生哲理。

華人與馬來人過的正好是快日子與慢日子，華人身富心貧，週一忙到週五，週六假日去的地方則是「血拚魔兒」的百貨公司。

浩瀚無垠的大海一直屬於馬來人的，他們攜家帶眷在沙灘玩樂，喝酒，烤肉，聊天，過著幸福快樂的一天，在華人眼中他們是慵懶的，我卻慢慢慢慢的看見他們的自在。

日修禪師說：「這一分鐘美好這一分鐘就不會不美好」，因為它們是同一分鐘吧，但是華人看見的是不美好的一分鐘，快生活中缺乏慢日子的自在，反觀馬來人應該是把海洋當成「僻靜之地」吧。是啊，人生本來就沒有固定模式，端賴我們要什麼？決定怎麼譜寫？

漂流木與慈悲

海還給我的慢日子另一個大禮是：漂流木。起始是一小截飄香的樟木，我聞味而至，在消波塊的細縫中找著了它，取出來打磨成了「無事牌」，鑽了洞掛在頸上。

木頭彷彿與人一樣，好與壞沒有一個準，擺在對的地方都是好的，於是家具業者眼中的爛木頭在我眼裡便是奇木了，我可以用它做出各式各樣的作品，包括鐘，燈，種上花草等等。漂流木教我閒字怎麼寫，我慢慢如法炮製，懂得放下俗事。偷偷從「養木坊」裡挑出幾根從海邊拾回的朽木，已經棄置有年的木頭，泡上一杯濃醇黑咖啡，在工作桌前仔細打量，常常花一、二小時甚或更久，來上一段一個人與一根木頭的電光石火，流動出一個午後的美好。漂流木作品最後讓我當起了教作的藝術講師，教作並教心，且教人為善，變賣它得出來的錢捐給單親媽媽作為養育兩個孩子的費用，由價格轉印成了慈悲的價值。

辛棄疾的《西江月．示兒曹以家事付之》中寫道：「而今何事最相宜？宜醉、宜遊、宜睡。……乃翁依舊管些兒：管竹、管山、管水。」辛棄疾理解人生義理之後，決定管山管水，我懂得人生不該只有錢與忙，決定接管風雨雷電了。

03

在跳蚤市集遇見哲學家

我如果不是在跳蚤市場，就是在去跳蚤市場的路上！

有一段時間，每一個星期的週末假日，我的生活大約就是如是吧，二手跳蚤市集裡，一個人閒閒的晃盪成了我的日常生活。市集最早出現的文獻是《周易》，有「日中為市」一詞，大約漢朝，就出現了二手書籍與文物買賣的定期市集「槐市」。

在一列百棵槐樹的街道上，露天無牆與無屋，每月初一及十五，書生在此聚會擺攤，各人拿出有意出讓的經傳書籍及笙磬樂器，大家互相選購買賣，算是集市吧。而「跳蚤市場」可能起自中世紀晚期的法國，有個位於巴黎聖母院旁的大型市集，專賣王公貴族淘汰的舊衣。

由此看來，早期的跳蚤市集的確藏了寶貝，是大戶人家的淘汰品，時至今日則不同了，多半是人家不要的物品，占有百分之九十以上，不值錢的劣質品居多，標榜宋元明清等朝代的大約全是仿品，不可能出現一千元可以買得一千萬元的奇蹟，只是貪心常常在此亂了心。

其餘的多半是別人的遺物，最有價值的可能是文人離世後他的子孫並不珍惜，請人估價買走，淪落到二手市集的，爾偶確實有寶，但以文人的字畫居多，上古珍品應該是自欺欺人，天方夜譚的幌子吧。宋朝的天目碗、元代的青花、清代的琺瑯、佳士得拍賣動輒上億元的東西，從天而降的機率應該是零。

如果真有好物，至多只有兩種可能，一是違法的賊市，大約三、四點天光未亮便開始摸黑交易，這在世界各地都有，他們偷來的，別人偷來的，取來銷售，萬一真被你買到反而是犯法。二是不違法的流當品，這些年經濟不景氣，一些精品店的客源走了，龐大的房租付不了，店收了，就把精品廉價折抵房租，所以如果夠專業，眼光如鷹一樣銳利，也許可以用五千元買到早年市場中售價三萬元的美物。

如果不作如是想，不貪求，也許得的便會是如我一般「閒行的幸福」。

比上不足，比下有餘

我在跳蚤市場之中遇見更多的都不是寶，而是一門活生生的人生哲學。

小湯像個文人，很優雅的談著他的古物鑑定與見識，我喜歡把他那裡當成最後一站，佇足流連喝杯茶水，洗耳恭聽這位行家觀點，偶爾兼談人生。

聚在這裡的人行業很雷同，以前多是日進斗金的骨董店老闆，一天的營業額動輒百萬，過得相對優渥，可是人生無常，而今想賣出都有難度，賤賣只為了一口飯。我買過一個稍有缺口的日本老碗，以往在他店裡這種品項的老骨董還有三千元的身價，但當日卻以三百元求售給我，我接下碗兒的當下，他幽幽說出一語：「下午可以吃好一點了！」，他的愁容一直掩飾不了，話語中帶酸，有些無力感。

二手市集中夾雜了幾家小吃攤，排骨麵線是這裡的火紅店，一直生意興隆，高朋滿座，牌價三十元。排骨麵三十元？佛心來著？或者另有原因？

我猜來源有問題，那麼吃的人完全被蒙在鼓裡？還是不得不吃的哀怨？

市集中還有一麵包攤，次次回回都大排長龍，一個十元，三個二十元，不知情會不會以為老闆是員外？我明白那些全是過期貨，排隊的人不知那是麵包店淘汰的或者根本無所謂，關乎健康這麼重要的事，當口袋裡一無所有時，便什麼都不重要了。

回家之前我會繞道菜市場買些菜回家，入口處有兩個二手攤子，一左一右彷彿門神，「這些都賣完，就有飯吃！」這是其中一位老闆酸溜溜脫口的一句話。

停車位旁的一位老婆婆正在升火，血淋淋的豬雜肉一大把扔進滾沸的鍋中，那是豬肉攤扔棄的豬雜被婆婆撿拾回來，在河濱公園違建埋鍋造飯，但那是她吃喝拉撒睡的地方，窩中的戰利品可能是三天、五天或者更久的腐食，婆婆有孩子嗎？我們習慣比上，都說自己如何不足，還好我家窮過，懂得比下，我便覺得有餘，幸福多了。

哲學與偷閒

日本人下班後喜歡到居酒屋，法國人走在香榭大道，德國人則坐在萊茵河畔喝咖啡，他們都有異曲同工之妙，大約就只是為了偷一個閒。我以買菜之名潛入了號稱寶庫的二手市集，其目的大約也頂多如是，走走看看買買，沒有特別的目的，淘寶是假議題。這裡也未必人人都是缺錢的憂愁者，也有人是無所事事來此一面聊天一面賣專業的人。

阿德老闆週末從新竹開車來台北，小貨車裡載滿一個星期以來打磨做成的漂流木作品，他的木工坊很有特色，經過裁切，刨光處理，露出木頭美好的肌理，行家用獨特的眼光挑選回去再利用。他的買家很多都是藝術家，有位台藝大的老師是燈具專家，常買回去做燈飾，也因此他們從買賣家的關係，變成了藝術合夥人。我的一些訂作的漂流木燈的漂流木也是向他買的，他的工好，又有禪意，我非常合意。

老黃學美術，對於民藝品的收藏很有眼光，常讓人不由自主停下腳步想起自己的童年往事，灶王爺用來闔上火舌的灶門他也有，一片千元，可以想起過往灶門下的童年時光。

老黃從鄉下收回的珍藏農具真讓人眼睛一亮，我一眼就看到讓我印記極深的鋤頭與竹筍刀，那是當年父親用來翻土與採筍的，特別有感情。當他從儲藏室把鋤頭取出來，大約就是三月初春，要去替竹筍翻攪土壤了，這是五月施肥前的必要，才可以在下一階段收成到好竹筍；尖銳的筍刀很少在市集裡看見，用它採筍需要傳授經驗，斜四十五度角切入，輕鬆採筍。鏽蝕斑斑的鎌刀，藏著與父親一起割草的記憶，這裡也有。

遠流出版的《風水寬心書》悄悄躺在地上的一角，那是我失散多年的絕版書，當年費了很大的勁兒寫出的本土心理學的其中一本，綠色書皮的封面沾了一身髒汙灰塵，一旁是價格，寫著稱不上是待價而沽的十元，這本書好啊，像自己的孩子……二話不說，馬上用十元贖回記憶。

跳蚤市場真的有寶，也有回憶，是一處安魂所，在工作忙碌之後的精氣神逐日消散之際，開車上橋停好位子，花二、三小時，無有目的在一個一、二百個攤位的雜亂之地自由閒晃，也許一無所得，但還是值的，因為三魂回二魂，七魄賦歸！

「你失掉的東西越多，你就越富有：因為心靈會創造你所缺少的東西。」我想羅曼．羅蘭的這句格言我應該可以理解六七分了。

04 單騎的開示

我的人生一開始就與腳有關，滿滿的關於腳的記憶，它給我的是經驗與智慧，出了社會之後沒有任何一件事我引以為苦的理由，大約便是與童年階段再苦也沒有成長的時候苦有關。

上下學有人接送在鄉下是奇蹟，從老家員山溫泉的丙丁雜貨舖出門到一公里外的員山國小靠的是腳，頂多在路上偷偷的停下腳步，不動聲色的潛進父親承租的菜園的小黃瓜田裡，摘取二、三根熟成了大小適中的小黃瓜，沾上家中帶出來的粗鹽，邊走邊吃進到學校。

釣竿上鉤了泥鰍一條，趁著黑還不是很黑的傍晚，把它插入河中草叢裡的泥河岸，等待隔日天光初亮起床收竿，就可以有一條，甚至更多鯰魚、鰻魚等夜行性高單位魚種的收穫，變賣之後交給父母做為下一季學費的開支，來回走動靠的也是腳。

冬天的蘭陽平原雨出奇的凍人，必須升火煮飯取暖，柴薪是我獨自一人或者與弟弟二人，鄰居三人一起到附近的相思林撿拾的。傳說那裡有吊死鬼，會吐著舌頭捉小孩子，撿拾枯木是一種恐懼，拉了回來，有時還會自己嚇自己，一陣風吹草動便以為鬼來了，賣力死命跑回家，靠的也是那雙腳。

媽媽提著大水桶到河岸邊石頭上浣衣，與一群婆婆媽媽七嘴八舌講男人們的小話兒，那個小幫手是我，走到河邊靠的還是腳。

腳的進化

腳因為遠近有了進化，從走的變成騎的；離家十公里外，靠近礁溪的刺仔崙有兩處我家的果園，山上種了幾百株橘子果樹，山下的河灘上是金棗果園，我與父親必須騎上腳踏車，越過枯涸的河床，屁股從二塊彈跳成四塊方可抵達。秋冬是收成的季節，假日成了我的遙遠旅程，好想不去但非去不可，踩踏腳踏車的還是腳。

腳因而成了我的記憶，靠它做事彷彿是天經地義，那知道有一天科技改變了一切，忙讓人漸次免去腳的功能，人人成了被削足的孫臏。

我們可能根本不知或者忘了很多文人的經典之作、精采的作品、科學的

論述，都是用腳的一左十右擺動中想出來的。

速度飛快的交通工具加速了腳的滅亡，報廢雙腳的天生作用，我也深受其害，在有了第一輛車子之後，大量減少走路的機會，景物從佇足流連變成走馬看花，一晃即逝，完全遺忘了雙腳擺動之間，眼睛可以四處游移，一朵花，一條河，一座小公園，都能與心靈產生共鳴與火花，處處驚奇。

車子成了代步工具，腳反而殘廢了，美景也因而消失。

單車與腳

梭羅書中寫道：「當我們行走，我們自然前往田野與樹林……」應該就是我用腳走出地圖的心境，呼應了人生不長，不要只為五斗米煩著，勻出時間，自在歡愉的在水濱散步，才是人生一樂也。

山不動腳動，親近山林，人會變得渺小，不再是征服者，滄海桑田一直都在，我們應該是謙虛者，在時間的軸線上，物換星移，山是海，海是山，年年歲歲，物是人非，一百年該爭什麼？有什麼好爭？

我有一輛特別有力的電動腳踏車小白，與眾不同的是它的電力靠的是腳力，用一倍、二倍至多三倍率替我工作，我踩一它跑一，速度就多了一倍，踩一跑三便可以登小山了。

從政治大學旁的恆光橋進到山區，踏著四十五陡度的斜坡一路向上，算是高難度路程，小白用三倍率的速度助我直闖牧童遙指的杏花林，但依舊氣喘噓噓，不得不停了下來卸下包包，休息喝口水，看一眼山下的北二高，川流不息的車龍，忙不迭次的南北載運，那一天星期三，我一個人在山上觀自在，看見了幸福。

我的單車旅程是我的禪修，示意人生原來可以慢，緩緩向上添味的是景，一隻鳳頭蒼鷹低空盤旋，藉著氣流俯衝爬升，展翼滑行，其姿勢真是優雅極了。

放慢腳步，調整呼吸，繼續前進，幾個轉彎騎到一個交叉口，右邊是原始的蕨類公園，往上一路爬升會抵北宜公路，但得棄車用腳；往左經市民農場，一路是六十度以上的陡坡，出口是深坑老街附近，這條路生態浩繁美極了，我次次回回一走再走。

猴山岳是我的好友蔡詩萍練跑的山路，也是我的小白陪我練腳的地方，終點處有一個土雞城，賣的全是自己種的蔬菜與養的雞，偶爾佇足還可打打牙祭，停下車往下走便是喜歡拆散因緣的呂洞賓駐紮的指南宮。

我以往都是用單調的踩踏，從政大後山爬上山，在這個停腳點休息，第一次用小白騎了上來，新光三越和遠方觀音山盡收眼底，夕陽逐漸西沉，台北城依序點燈，暗下來的城池添了靜，彷佛蒙上了一層神祕的面紗。

華燈初上的台北還是台北，只是忙這個小東西睡了下去，閒這個小東西便醒了過來，白與黑充滿不同的面貌。

這些全是我的腳的記實，最大的意思在於我因而再一次聽見了心靈的聲音，單車代步增多了佇足聆賞的趣味，回到了緩慢生活。買菜、買花、買魚，單車代步很牢靠，這麼一來，工作與休閒便可以一併分開來思考了。

腳下的人生思考

科技文明把快速兩字帶進了人生，一併也帶來了疑惑，快真是好事？或者只是把人當成了鏈子一再轉動而已，最後只有絕塵，少了路上風景？

為何那麼忙？因為錢，但人生真實可靠的卻是呼吸與一口飯，聖嚴師說的一呼一吸多精準，一口飯怎會難？難的是坐擁城池。

芝山岩著名的紅糟牛肉麵，一百二十元，張忠謀若是來吃也是均一價，不會因此有錢就得付一千二百元，看來味覺的美好不是錢可以滋潤的，而是時間，慢慢吃才可以吃出湯中的味道。

慢慢來，一邊走路，一面看景，一邊思考，好多哲思是在一左一右的擺動之間形成了哲理。

我在緊鑼密鼓寫作這本書的同時，歲月悄悄從二〇一八年越過了耶誕，跨度元旦，便是二〇一九年，我正式進到了「花甲俱樂部」，成了名副其實的花甲男人，已然不年輕了，該學會「多愛自己」與「量力而為」。

對於演講愈來愈少這件事，我開始有了不同的反思，得與失自有它的律動，一種因緣，俱足就出門法施，否則就閒走山林。

不演講時我的勞退收入就是薪俸，它是一萬四千七百六十五元，帳面上少得可憐，但帳面下我仍可以活著，用錢靠的是智慧，不是錢。

我在山野閒中得出花甲之後的方向，學會把事情分出：自己的事，家裡的事，個人的事，還有干我屁事。最後一個最難，面壁問道達摩，祂說，留下「純真童心」，趕走干我屁事，才能做好自己的事與慈悲的事，否則會是鄉愿，悲而不慈，反而是悲劇。這是我在兩腳擺動之間想過的事。

我一直從事助人的事，今後只買竹子多做幾根釣竿，教他們自己去釣魚，我只做穿針引線的事，那才是我的獨門好功夫。加強微善雜貨鋪裡的好物與好人的銷售平台，聯結出銷售、購買與金錢的友善關係，不再用各種形式給錢助人，兄弟登山各自努力才會是王道。

記者問籃球巨星柯比：你的籃球為何可以打得出神入化？

他說絕竅有三：

苦練，苦練，再苦練。

為何可以找著錢？

嗯，我懂了，不要把時間花在埋怨上，且方法有三：

用心，用心，再用心。

05

旅行的奧義

人生本來就像一趟旅行，上車下車，最後抵達終點，無論繁華與落寂，都是過眼煙雲，重點不在起點與終點之間擁有什麼，而是看見了什麼風景。

錢是用來花的，慢下來之後，我決定花在刀口上，工作了一陣子，忙得不可開交，累積一些疲憊之後，我懂得用一段長長的旅程把悶得緊緊的壓力閥打開，讓旅程中的風花雪月為心靈加滿氧氣。

每一次旅行對我而言都像親會一位大師，有不同的人生體悟，無論在雲南，在越南，在東馬，在西藏，我都被醍醐灌頂，感觸足以寫滿一本書。

飛行了十九小時，比原訂時晚了一小時的班機終於落地倫敦，從通關閘口出來時已是晚間十一點，既疲又睏，遊覽車還沒到達，那天氣溫接近零度，一整團的人在風中枯等。最後得知，超時的司機已回家睡覺了，我們得繼續等待公司的另行調派，焦慮不安的氣氛迅速蔓延，有人開始起鬨要導遊負責，我則在一旁安靜的等待。他又不是故意的，來之何妨安之，吵鬧無用，無用吵鬧，禪宗的精神此刻派上用場，叫囂、狂罵、責難，頂多苦了領隊，也煩了自己而已，一無是處。每一次團體的旅行，我們總會看見不同形式的爭議，這也正是我一直習慣一個人旅行的原因，我是出來解壓的，不是找麻煩。

我沒有催促但車子終於來了，即使姍姍來遲還是盡責的把我們載到旅店，扭開浴室的水龍頭放滿水，緩緩躺下，讓熱水川流全身，把緊繃的肌肉化開，起身上床沒多久便沉沉入睡了。隔日我想見一個人：莎士比亞。

「簡潔是智慧的靈魂，冗長是膚淺的藻飾。」

「一個驕傲的人，結果總是在驕傲裡毀滅了自己。」

「寧願做一朵籬下的野花，不願做一朵受恩惠的薔薇。與其逢迎獻媚，偷取別人的歡心，毋寧被眾人所鄙棄。」

「黑夜無論怎樣悠長，白晝總會到來。」

這全是莎士比亞的語錄，受到很多人追捧，他的故居位於雅芳河畔的史特拉福小鎮，人口不足三萬人，但卻每年吸引了三百萬觀光客前來朝聖，眼前這間用都鐸王朝時期的風格建築的三進落二樓小房子裡有一張小書桌，我站著不動，一直在想那便是寫出這些格言語錄，三十八部劇作，一百五十四首長詩的地方嗎？

如果一年三百萬人是在莎翁還健在的時候來參觀，他還可以寫詩嗎？或者淪為一個接待而已？

在他的故居，我看見一群又一群國內外觀光客，拉著旗魚貫而來，上樓下樓，進到禮品店，有些人連一眼都不看便出來，上車趕赴下一個景點。這場景讓我油然而生迷惑，如果不是喜歡一個人的作品，對他有所認識，很想親睹他的人文風華，即使這是一棟號稱世界三大重要建築的都鐸建築，也不過是一棟有著小小花園的低矮房子，需要千里迢迢當看倌嗎？同團很多的年輕孩子在這些景點往往露出不耐煩，他們等著的是此行最重要的行程：OL血拚店，在飯店裡幾個人湊在一塊盤算的全是要買什麼？回去該賣多少？利潤怎麼計算？進到故居之前莎翁是莎翁，出來之後莎翁還是莎翁吧。

金錢與文明常常在旅程中被我看出反差，在沒有金錢的年代，老祖先用的是以物易物，每樣東西都是金錢，必須好好飼養牠們才會得到相對的代價，好在市集時被人青睞，從十隻雞換一頭豬變成八隻雞就可以換得一頭豬，這便是有價的。

代幣進到所謂公平的表列時，反而變得不公平，愈是努力的人反而得不到相對應的價格，商人只要動動腦就可以奪取辛苦者的財富，文明的年代流行的是炒作，把平凡的東西說得神奇再賣了出去便是賺錢，如果賺錢變得那麼簡單，試問誰要努力？難怪騙子是一門好事業。那一天，在莎翁故居，我應該是最認真的參訪者，時而停下來思考，並且透過心電感應與莎翁有了對話，他同意我的觀察，如果生在二十一世紀，他會搬家！

莎翁長眠處

之後我到了埃文河畔的聖三一教堂，那是另一處瞻仰莎士比亞的地方，他在那裡受洗，去世後長眠在這座有四百年歷史的大教堂內。我們去的那一天冷颼颼，加上風和雨，顯得出奇的凍，來的時間有些晚了，離關門時間只差一些，我們必須用最快的步伐把彩繪玻璃看上一遍再拍照，最後花了一英鎊進到莎翁的墓碑前轉一圈，碑文是莎翁親筆寫的，警告世人說：「朋友們，蒙天主仁慈，請勿挖掘這裡的骸骨。祝福讓這些墓石維持原貌的人，移動我骸骨的人將受到詛咒。」

看來他早早預知有人會動他骨骸的腦筋，研究人員掃瞄這位英國最偉大劇作家的墳墓，發現有被侵入的跡象。斯塔福郡大學（Staffordshire University）考古學家柯爾斯（Kevin Colls）說：「我們看到莎士比亞的墳墓在頭部一端出現奇怪的侵擾跡象，歷史上確實也指出曾有人來此取走了莎翁的頭骨。」

「我非常、非常相信，他的頭骨根本不在聖三一教堂的墳墓內。」

站在莎翁的墓園前我尊重他的提醒，不碰觸，只是時而闔上眼思考人類這種動物，盜墓筆記裡的老九門盜的是財富，也許得了一個皇帝玉印便可以一生榮華，甘冒這種險的人大有人在，但為什麼要盜骨頭？有歷史以來的掘墳挖骨大約都是基於恨，很少人基於崇拜的，莎翁的骨骸若真被盜，誰幹的？是恨嗎？

未必不可能！我們看見的任何一個人都有裡外兩面，隱惡揚善是我們對一個有成就的人的共同模式，好人便好得澈底，壞人也就壞到骨子裡，但事實上未必如此，有時俠骨會有柔情，冷血卻是熱心。世事不洞明、人情不練達，恃才傲物，這是羅貫中筆下的楊修，賦、頌、碑、讚、詩、哀辭、表、記、書凡十五篇，有詩道：「筆下龍蛇走，胸中錦繡成。開談驚四座，捷對冠群英。」這是歷史上的楊修。

誰才是真的楊修？

功過一事太妙了，自己完全無法決定，全部交由史家但憑一心來寫，說你好，你便是好，忘了曹操既是霸氣十足的梟雄，也是《短歌行》：「慨當以慷，憂思難忘。何以解憂，唯有杜康」的文人，哪一位才是曹操？

會不會莎士比亞真有不為人知的《哈姆雷特》？

小威尼斯的人生思考

即使旅行英國已是好多年前的事，但是有著「英國最漂亮小鎮」頭銜，號稱小威尼斯的水上波頓之稱的拜伯里古樸小鎮，我依舊念念不忘在那裡只有一刻的優雅寧靜時光。

一個人可以無有壓力，無有需求，無有目的，一切無有的在一座小城鎮裡與鵝嬉遊的走來盪去，真是再幸福不過的事。

它讓我很認真的想起人生。

女兒有一幅畫作，一個老人前面有七隻聽禪的貓。那是我告訴女兒她未曾謀面的爺爺，那一代的生活場景，農忙回家，晚餐過後就取出一把長椅，微風下星月中啜飲著淡茶，或與人聊天，那個年代，賺少花少，得了自在，反觀我們，賺多花多，卻添了忙，少了閒。忙的人得了財富之後再花很多錢去找閒，多數人可能找不著，連旅行都可能變得急驚風，多了風塵僕僕的趕路，欠缺信步徐行的優雅吧。

那一天即使在這麼淡妝的小城，很多人依舊是急著，一心一意想在晚餐之前把手上筆記本裡表列的貨物採購好，我們因而進到了藥妝店，腕錶是四點半，店是五點關門，四點五十分可能是老闆的店員已經一一提醒我們了，五點準時打烊。

相對於老闆的典雅，我們這一團反而更像蝗蟲過境般，把店中能買的全買了，我偷偷瞄見老闆的瞠目結舌，是啊，我聳聳肩，攤開手告訴他，我也不解。

我猜想這裡的人應該都比我們更懂錢這種東西，向來都不會公平的吧，有人多就會有人少，但擁有更多財富的人一萬元像一元，少的人則一元像一萬元，如此一想還是滿公平的。多的人可能有錢，少的人則有智慧，我的錢不多自然聰明些，懂得比上不足，學會比下有餘。

溫莎公爵的教誨

站在溫莎古堡的前面，等待進到這個世人傳誦浪漫故事的地方，近距離的親眼目睹「不愛江山愛美人」的「溫莎公爵」住處，設想為何有人可以寧願執著於自己選擇的伴侶而放棄王位，最後於一九三六年遜位為溫莎公爵，權位、名利、財富等等便在大排長龍一步步挪移之間不停躍動，溫莎公爵事實上不過是一種尊稱，有名無實，這個好聽的名號其實是一介平民罷了，換成是我願意嗎？為何不願意？

也許是氣度不同吧，一般把人生長度想像成千年，而溫莎公爵知道他的人生不過百年，應該珍惜，不想虛度。他讓我想起一生充滿傳奇色彩的弘一大師，出家的俗名是李叔同，精通音樂、戲劇、美術、詩詞、篆刻、金石、書法，著名藝術家、新文化運動的啟蒙者，被譽為「二十文章驚海內」，更是第一個向中國傳播西方音樂的先驅者。

一九一八年遁入杭州虎跑寺，削髮為僧，皈依佛門，法號弘一，至此絢麗歸於平淡，以出世之心做入世之事，將己身的人生感悟告訴世人，臨終前留下：「君子之交，其淡如水；執象而求，咫尺千里。問余何適？廓爾忘言；華枝春滿，天心月圓。」的詩句。

我曾在跑馬寺前闔上眼用力思索弘一的人生之理？

「出世」是拋開世間一切？還是積極面對人生？空門生活是悠閒自在？還是苦行僧？

心理學家狄尼說，一年之中應該有一次長休，三次中休，無數次小休，他所謂的「休」我大約懂了，就是復活劑，停頓之後再出發的靈魂丹藥。

旅行對我而言確實是充電器，我酷愛長休，而且一個人，一只行囊，放空十天半個月，一個人貪的是不必等誰不等誰，怕冷不怕冷，白雪皚皚與裊裊炊煙，天空透亮與虛無縹緲都有妙趣，一個人即使在暗黑的寂寞，山谷裡雪聲大作，我都能在一個人杳無人煙裡散步著。「為什麼要旅行？」

這個答案已經慢慢浮現，因為旅行就是一種幸福，過程便是人生。

06

溪流中的幸福課

河流裡塵封了我的童年記事，後來卻因為忙便悄悄淡出我的視界，這些年因為閒又會返回。

在我的成長過程中，一條不起眼的河卻為我書寫出各種記事，滿載影像。家鄉的那一條河流清澈蜿蜒，源頭涓涓的從雪山山脈的孔道中溢流而出，從小溝變成圳，隨著流動的路線蓄積的水量，漸次成了我們的母親之河，在我家附近是員山河，一路延伸到市區成了宜蘭河，豐富的魚蝦貝類便成了我們自由提取的財富。

「水到渠成」在我的印記裡一直不是成語上的四個字，而是生活上的示相實景，水到河成。

我家養過鴨鵝，牠們的食物之中有一種是母親交代我們到河中撈取的大河蚌。由於蚌肉非常有韌性，無法咬下肚，最後的下場是媽媽命我敲碎餵鴨鵝，一旦有需要，我們便得下河去撈取這些牲畜的食物。這個差事憑良心講我是喜歡的，至少可以不必遮遮掩掩，名正言順的帶著免死金牌，走大門大路到河中嬉遊。除了大河蚌之外，一併撈捕從激流沖刷到緩區的小河蜆，媽媽會用田裡取回來的薑熬出一鍋鮮甜的蜆湯。

蘭陽平原一向是颱風喜歡的地方，無論是否登陸都會激起千堆浪，都會引來一場暴雨洪流，水淹溢堤，此時父母愁煩，我們開心。一來可以停課，二來取出釣竿憑藉運氣釣得被洪流沖激出來覓食的大魚，如果幸運的話，釣上河鰻，鯰魚，就騎上一小時的單車去販賣，所得可作為隔年的學雜費或者貼補家用。其實這種天氣父母多半不准我們下河的，但又不得不准，成了兩難之下的快意事，我們也從中學得一些生活本事，至少懂得如何避開風險不會淪為波臣。這些生活把戲，在後來的人生旅程中不但實用，還甚是好用。

我的父親是一位不擅長言語的人，「愛」這件事幾乎很難從他口中說出來，但並不代表他不愛我，這些事情我是讀了大學之後回到老家，隔日又得千里風塵返回台北木柵，搭上每日只有來回兩班的客運，上車時看見他偷偷掉淚看著我離開領悟得來的。原來他的溫度只是用鋁合金一圈又一圈鑲嵌密不透風，不輕易示人而已，但偶爾仍會不小心從細縫裡露出冷面笑匠的本性。我們之間最深的記事只有「陪伴」，他陪我，我陪他，相互依偎，父親到園子裡施肥除草通常有我陪伴，他賣力農事我則下竿釣魚；他時不時的回頭凝視我的動靜，有無危險；時而走過來拉起竹簍，看看釣了多少魚，此時無聲勝有聲便成了美好記事簿中的甜甜回憶。

父親雖然不善於情感表達，但他從不吝惜給我陪伴，冷眼熱心的把親情縫製出來，那個年代也許物質貧乏，但卻也因而多了「時間相伴」，有了親情溫度。我因而從中添得了一些反省，有人研究統計，當我們完成階段性任務，把兒女送上另一段旅程，開始他們各自人生後，我們之間所剩的交集便只剩五十五天了，少得可憐，如果再加上彼此不珍惜便可能一無所有。

因此我理解時間不該放在同一個籠子裡頭，除了用一部分付出得款之外，我的時間開始有了分割，一部分學習父親，不只用勞動賺錢，而是懂得不定期停下來陪陪家人。我的孩子從來沒有一天去上安親班，他們都是與我們一起成長的，這並不代表他們會因而更優秀，但親子之間的確有著更濃的情感。大約小一吧，孩子便與我一起去溯溪，他們與我的版本不同，我是出門就是河，而他們離河好遠，很難親近，必須稍作設計；我也與父親那種冷漠不語的形式不同，而是上熱微調溫度，把哭臉改成了笑臉。

溪中的成年禮

有一年颱風過後的某個七月底的星期二，兒子還在假期中，天氣放晴，友人來電相約

溯溪，我們一口答應成行，但當日有課得在下午提前脫隊，先行趕回演講。我們整裝之後迅速下河，兒子如鷹一樣的眼看見河中被網子困住想翻轉脫困的白色波光，他箭步向前把魚網撈起，困住的有八條巴掌大的溪魚。兒子敲碎了石頭，用鋒利如刀的切面劃破網子，把魚兒小心翼翼取出，造了一個小溏放了進去，告訴我，讓牠們喘口氣休息一下再放流大河才會安全。好的，我遵旨，請友人先行，我倆坐在石上一起等待，這一幕令我動容，原來很多事未必用教的，看看學學，經驗中會教人很多。

回程若撩溪涉水走水路，可能趕不上上課時間，我們只能從崖壁切上山路野徑回家，但連續兩次颱風肆虐，小徑早已變得柔腸寸斷，步步難行，中間還遇上一個大缺口，我目測寬度應該無法一躍而過，進退維谷，唯一勉強可以犯險的是，踩上一根橫亙出來可能有支撐力的樹根，我緊抓大樹來回試了幾回承重力，確實可行但滿布風險，如何是好？兒子當機立斷，不經同意便如潑猴一般到了對邊，底下是深淵，河流湍急，兒子要我如法炮製，囑我小心一點就沒事的，他會拉我一把，結果安全過關。回家後我開玩笑的告訴他：「謝謝你救我一命。」他聽得心花怒放，直說不客氣，他以後還會繼續保護我的。

父親陪我的童年，我陪兒子的成長記事，其實是兩個不同的套路，冷熱不一，唯一的交集是我們都用了時間，它是一種很好用的傢伙，可以用來多賺幾把銀子，也可以停下來，有如溫酒一般溫出幾分親情來。

河中一瞬間，河流千萬年

福爾特爾說：「大自然是一位好的哲學家！」

的確如是，河流中隨便一顆與我電光石火交會的石頭，都可能早已在這條溪流中滾動存在千萬年，甚至幾十幾百萬年了，而生活在這條溪流畔的人卻已不知輪轉了多少世代。

古人今人，今人古人，一再更迭，我們理解了什麼？

什麼該爭？什麼不必爭？千秋不過一句謊言，人生只不過一個百年爾爾罷了，應該得一個快意自在。

「人生就像一本書，愚蠢的人一頁頁很快的翻過去，聰明的人則會仔細閱讀。」

半百過後人生彷彿啟動了「快速鍵」，五十歲剛到，六十歲沒多久就來到了，很多人這才看見，半生以來除了忙於讀書，忙於考試，忙於工作，忙於柴米油鹽的不快爭吵之外，竟得一個「一無所有」。

日復一日，年復一年，黑夜白天，白天黑夜，好像翻了一本書卻從不看內容，人生肯定沒有倒轉鍵，最後有了觸動時大約只能後悔了！

溪流裡的禪師提點了我，不要凡事都關己，可以放一下或放兩三下，不必只為別人而活，應該好好用心的打造僅剩的「下半場」，當自己的圓夢天使。

溪中的生活家

莊周夢蝶的意境在我下海當起了海中熱帶魚，理解我非魚但知魚之樂之後便懂了幾分，我確定莊子是蝶。

每一年我們一群無論誰來，年紀怎麼加，都逾五百歲的老朋友，都有一趟或者很多趟美好的溪流旅程，早上從某一點下河，下午時分離開水，再到桂山發電廠買幾根台電冰棒，野風中大啖幾口，快意回家。

這是五月溪水的溫度暖了之後的事，直到九月溪水涼了收起溯溪鞋為止，結束美好的一季，繼續我們的人生下一站，我因而理得一事，工作不是不對，但只有工作便一定不對了。

安息日三個字在一般人的解讀中以為是西方或者宗教的聖日，一週用了六天勞碌做工，但是第七日，一切兒女、僕婢、牲畜，無論何工都不可做，與天地海河同在，便是安息。事實上這一套思想起自希臘人的生活哲學，法律名文規定的生活態度，安息日其實就是休息日，或者復原日。

溯溪成了我們這批老傢伙的安息日，但我們與眾不同，多半選在不會堵車的星期二。在台北目標最遠的溯溪點大約在烏來往上的哈盆溪了，開車還得再行九十分鐘，抵達哈盆溪下水之前，還要走上一段山路步道，從隱密的釣魚路垂直下切二百至三百百公尺，大約四十分鐘的路程，才能到溯溪的起點；穿戴好一切的溯溪配備，先換上泳衣，然後穿上濕式防寒衣、溯溪鞋、救生衣、吊帶，大約已逾二、三小時，但行程才要正開始。

哈盆在南勢溪上游，沿著溪邊有條歷史古道——哈盆古道，它可能是泰雅族人的狩獵小徑，從台北烏來福山村，再到南勢溪上游溪谷，出口是宜蘭員山，我的家鄉。因為地處僻遠，未遭汙染，保持著原始豐富的森林面貌，溪流的水質清澈，游魚超多，溪流兩旁有美麗的細砂岸，河岸廣闊有如花蓮的砂卡礑溪，大小堆疊的礫石灘，巨大岩石，峽谷高崖，蓊鬱的熱帶雨林，生態非常原始豐富，素有台灣亞馬遜河之稱。

溯溪讓我見證滴水穿石的功夫，慢工下的鬼斧神工歷歷在目，巨大的岩石在河水百年、千年、萬年，甚或更久的切割下，形成了刻紋，幻化成了水道，有些地方上下十多公尺，爬了上去，滑了下來，插入潭水之中，一個閉氣，翻身魚躍，浮出了水面，簡直難以形容的快意。

對努力這件事我於是有了新解，好像歌德所言：「我這一生基本上只是辛苦工作，可以說，我活了七十五歲，沒有哪一個月過的是舒服生活，就像推一塊石頭上山，石頭不停地滾下來我又推上去。」

滴水穿石看起來正是如是，一點一滴看不出什麼作用，但最後滴出了壺穴地形。

07

溫泉裡的達摩

真正重回溫泉的懷抱，把它當成大事看待的那一年大約在一九九六，工作忙了十多年之後，疲憊完全寫在臉上，決心用力按下「暫停鍵」，反思人生價值，常人眼中的這段時間正式的名字叫作「失業」，大約八個月。

二十年後再回想這一段，原來它是在播撒種子，給了之後這些年一段美好的黃金歲月。

八個月，不長卻又漫長，是有史以來最勤奮最密集讀書的階段，動用了眼耳鼻舌身。用「眼」閱讀了各式主題與經典的書，這是我後來的著作經常可以引經據典的理由。

用「腳」讀天地哲理，我像梭羅一樣，有時一早就離開家，漫無目的的閒走大自然，諦聽天籟，風雨雷電皆是哲理，天地太大，人很渺小，握不了世界，收不了就放，爭不過便無爭。

石碇河中肌理分明的壺穴地形是千萬年來滴水穿石鑿挖而成的，慢不是慢，它也有力道。

那一刻起我便經常一個人開著車，在冬日裡上烏來山上，泡在露天風呂中聆聽心裡的聲音，懂得蹲下可能準備跳得更高。

謝謝失業的八個月，讓我理解人生之中「順逆」兩境永遠並存，一失便有一得，端賴怎麼看待的。泡湯悄悄回到我的世界，冬日一旦有空便坐在池子的一角，闔上眼小憩，讓水溫四十二度的溫泉逼紅了皮膚，通透全身，有時想想事，有時什麼也不想，一杯茶，一陣風，一片豔紅天空，便是禪。

湯中的詩詞天地

不只我愛湯，古往今來的名人英雄，很多人都愛這一味，在冒個不停且有溫度的湧泉裡淨身洗滌，調整心靈。武田信玄和德川家康在一千多年前便已存在，號稱「世界上歷史最悠久的旅館」的「慶雲館」泡湯，想的應該是下一場戰役的謀略。

文人對溫泉情有獨鍾，看到的是躺在湯裡眼前的詩畫長卷，最早寫文歌詠溫泉的，我記憶所及的是漢朝科學家張衡的《溫泉賦》：「天氣謠錯，有疾病兮；溫泉泊焉，以流穢兮。」一把泡湯當成醫療用，不愧是科學家。

唐代大詩人李白隱居安陸時，曾到西元前一百六十四年漢文帝建廬江國時開挖的玉女泉泡湯，留下「神女歿幽境，湯池流大川」詩句，後來日本沿用的「湯池」一詞就是取自李白詩句。

宋神宗時王安石被貶舒州，途經玉女泉也曾入池沐浴，留下「寒泉時所詠，獨此沸如蒸。一氣無冬夏，諸陽自發興。」的詩句。

大文豪蘇軾雖是仕途坎坷，但也因此在許多地方留下甚為迷人的詩句。善於描寫山水人間景致的蘇軾，當年他遊驪山時，也留下了「一洗胸中九雲夢」和「湯泉吐艷鏡光開，白水飛虹帶雨來」的佳句，為後人所稱道。

川端康成在「湯本館」這間百年質樸古雅，二層挑高的木造建築，門窗都是最傳統紙糊的旅間創作思考名作《伊豆的舞孃》。

值得一說的是，著名的文人梁啟超，日據時期曾來台灣拜訪林家，閒遊北投，寫下《北投溫泉》詩：「尋幽殊未已，言訪北投泉；曲路陰迴壑，海流碧噴煙，土膏溫弱荇，溪色澹霏煙，苦憶湯山滌，明陵在眼前。」

沉浸在溫潤的溫泉裡，如同玉石般光滑亮麗的水的游移，享受了溫泉「童冠謳歌樂歲華」的快活只是其一，文思泉湧才是文人的附帶效益，峻秀山巒中泡溫泉，應該頗有發現桃花源之感。

理想、幻想與妄想

我泡在礁溪溫泉池子裡偶爾闔眼也在思考人生，因而振筆急書寫下：「忙中空度日，閒裡有太虛，人生自來去，生死倆瀟灑」的詩句，猜想是放鬆的緣故，處在人生的低谷，離職就閒但前方無路，想著要再找一個高薪的工作繼續忙著或者急流勇退過著自己想要的人生，人生在十字路上。

我的確有夢想，但夢想是什麼？

只是人生的自我期許嗎？還是一種行動？夢與想會不會是兩件事？夢是一種欲望，很像志願，如果可以選擇多半會選：富翁、科學家、醫生、教授、藝術家、作家等等；但想呢？是一種行動。

好像汽車與汽油的關係，沒有油的車子叫商品，添上了油才可以行動自如。

夢想，若永遠做不到的叫作妄想，很久才做得到叫幻想，可以做得到的叫作理想。

我的夢想是做得到的或者只是南柯一夢？

夢想是一種結晶體，夢＋想，想望＋切合實際行動，理想與妥協並陳，才會是美好。

我在湯池同時想過《布達佩斯大飯店》的作者茨威格的一段話：「一個人平凡的力量

是很難應付生活中無邊苦難的。所以，自己需要別人幫助，也要幫助別人。」」

茨威格活在二次世界大戰那個不安的年代，靠著被幫助活了下來，因而懂得助人的重要性。

捨得、慈悲與金錢在我看來是三位一體的，但是千絲萬縷，我們容易混淆，以為伸出援手必定「財施」，忽略智慧行善。

教人一項專業，給人一種機會，在乎一個因緣，遞出一根橄欖枝，給人當頭棒喝，演出怒目金剛……都是某種不同形式的捨，用的是「心」，同樣是一種美妙的流動。

我從茨威格的話語中理解出金錢像一部「歸零的歷史」，人生很公平，即使再富有，財產都會在歲月淘洗下慢速變成遺產，擁有多少不是重點，而是一生之中到底用了多少？如何支配？是否益於人？

躺在湯中，除了溫泉之外就剩下腦袋，一旦靜下來，人人都是哲學家，會想很多事。

溫泉記事本

我的老家在宜蘭員山，它不僅僅是楊麗花的故鄉，那棵「大樹公」的老茄苳樹就被視為歌仔戲發源地，並登錄為文化景觀，還有著名的員山溫泉。

翻找到日據時期一九〇六年的《台灣日日新報》有則報導：「內員山庄者，距宜蘭市街而西一邦里許之一小部落也，此地出有溫泉，在于內員山南方山腳，即俗稱為湯仔溝者是也。泉湧出不息，因而成為沼澤，其溫度適可合于入浴……。」

建成員山大旅舍大約是一九三七年，我家的前方十公尺是原址，目前已荒廢，水源被引到五十公尺外剛興建完成的力麗威斯汀度假酒店。泡湯是我小時候的記憶，工作之後散佚，失業後再找了回來。

當年入湯池的通行方式叫作「五毛錢」，繳出後就可以在冬日寒流來襲，宜蘭冷得刺骨的日子裡，躺在池子裡想事，思考釣魚挨打的哲理：到河邊釣魚會挨打，但釣到鯰魚、鱸鰻為何就不會被打？是我決定魚的命運或者魚決定了我的命運？

村子裡唯一花錢私挖的溫泉在我家，但探測失準，水溫約莫二、三十度，冬天時打出熱水適合洗滌碗盤，但是用來洗澡便有些冷颼颼了，員山大旅社的水溫約莫四十二度，寒流來襲泡到熱水池中，才能逼出寒氣，全身通紅如蝦。

冬是溫泉的季節，農作正好收成完畢，等待春天到來，大人們多半無所事，頂多開始準備過年的採買，我家因有雜貨舖子便顯得特別忙，一天到晚送貨，即使是冬日也常是一身臭汗味，這時候花一點錢，提著一個臉盆，放上換洗衣物，走到櫃台遞上錢，泡在池子中便成了我們的最佳饋贈了。

「泡溫泉！」三個字成了冷面熱心的父親唯一與我最熱情的招呼。

這口溫泉的水質清澈，有些鹽分，洗起來滑溜，而且來歷特別，著名的南機場指的是員山機場，在有名的員山米粉湯對面，駐紮的是神風特攻隊員，我猜想它的功能應該與北投溫泉一樣，成了敢死隊最後一夜的溫柔鄉，紙醉金迷後，隔日升空迎敵，再一頭栽進美軍太平洋艦上，機毀人亡。

戰爭的殘酷我在父親的嘴上聽了幾個章回，怕，懼，恨交織。

野溪溫泉

湯屋裡的泡湯若是哲學家，野溪可能比較像修行人，相較起來，我比較喜歡野溪。

八煙溫泉會館還沒建成之前，前方有一處祕境叫作八煙野溪溫泉，兩股泉水匯流，一冷一熱，匯流處形成一處小塘，大約可以容納十人。冷泉從山上流下，有如瀑布，銀花傾洩；溫泉由地冒出，白煙瀰漫，風情款款。溫涼並不均勻，泡湯者必須在冷熱之間時常變

化姿勢，形成獨特的煎魚式泡湯。湧泉處的前方便是陽明山，時常晴雨交織，雲霧繚繞，加上秋冬的冷風徐徐，落葉繽紛，山嵐氤氳，迷人極了。

我泡湯的那天，初時下雨，後來雲開霧未散，陽光從雲瀑中洩下，從雨幕中穿出，實在美極了，這是在湯屋裡泡溫泉很難體會到的。

泡在野溪裡，並非單純只為了省錢，而是領略自由自在的心靈馳騁，一群好友在自挖的湯池裡，隨意閒談，話題無所不包，激盪出的是人生哲理。

在野溪微風中的溫泉祕湯裡，友人與我們分享一篇得獎極短篇《初心》，內容有點卓別林的幽默：

老陳養了多年的鴿子死了，他悲痛不已，不想土葬，想給鴿子一個尊榮的火葬，把骨灰撒回大海，回到大自然母親的懷抱。

怎知道那玩意兒越烤越香，後來，他就買了兩瓶啤酒……

很多事情都是這樣，走着走着，就粗心起來，忘了什麼是「初心」。

我們聽後全部哈哈大笑，但我反而陷入沈思，明白作者的心靈註腳。

「初心」就兩個字，的確易寫難做，很多時候金錢橫梗在眼前，垂手可得，貪就跑了出來，初心便悄悄迷路了，那可能是人性，但也可能是修為！

「莫忘初心」在那一次野溪泡湯之後漸次成了我的人生叮嚀，在初心蒙塵時，記得學學神秀的時時勤拂拭！

是啊，人生的定義原來真的很簡單，就是「過日子」，只是當學歷、名位、升遷、資歷、財富、物欲、頭銜……依序魚貫闖了進來之後，虛實交錯，是是非非，它便變得非常不簡單。

歲月淘洗，有一天什麼都有了，才發現竟然一晃便老了；唯一沒有得到的是「真正過生活」，忘了季節裡還有的春風秋意，忘了父親那個物質缺乏的年代還有的偷閒日子，我們賺愈多花用愈多得了一個忙字，父親賺少花少卻得一個自在，誰好？

我們都活在人生之中，但最不懂的還是人生，因為它需要智慧！

第五篇

古玩裡的慢生活

慢日子裡最美好的一件事是得了一個「玩」字，我可以將它解讀成「把玩」、「戲弄」、「耍弄」；也可以理解為「欣賞」、「觀賞」、「賞而至樂」等。引申出美好的意義有「玩物」、「玩耍」、「玩賞」、「玩味」等詞語及其他在使用過程中不斷被豐富補充的意義。重點就在「玩」，陸紹珩的《醉古堂劍掃》一書裡便有高人玩世一說，我的古玩收藏在快日子的年代多了一點貪，慢日子裡則少了欲求，添得歡喜與樂趣，醉在文玩、雅玩、秀雅的古器物之中。

心理學家研究得出一則有趣的發現：古玩收藏家的平均壽命比起一般沒有收藏雅趣的人大約多了十幾歲。為了發覺「眾裡尋他千百度，驀然回首，那人卻在燈火闌珊處」的寶，茶飯不思的想，一如大收藏家張伯駒「變產借債」買到隋代展子虔的《游春圖》，居然把自己的住所命名為「遊春園」，並自號春遊主人，可以想見藏主得寶之後是何等興奮，何等暢快！

「暢快」兩字，我猜想便是長壽的主因了。

我的國中老師是著名的鐘錶收藏家，經常遊走於古玩市場、坊間店鋪，或翻山越嶺於古老村莊、集市小鎮，有時聽聞一口他心儀的鐘在某市某縣出現，他能搭夜車南下買下鐘再返回隔日上課，長年樂此不疲，淘到「寶貝」自是興奮不已，即使空手而歸，同樣精神愉悅，而今八十多歲老人依舊精神矍鑠，不長命才怪。

我的慢日子裡，工作日少，茶餘飯後偷閒日多，常常一個人安安靜靜地把玩藏品，面對幾十年民藝品，幾百年古玩，甚至上千年的「骨董」，物中寫的盡是歷史，而它就在眼前可觸摸品味它們的造型之美、紋飾之美、材質之美和古樸之美，怎可能不產生跨越時空與古人交會的感覺，對我來說，藏已非藏，而是哲學，藏了轉眼一瞬與滄海一粟的悟覺。

千百年滄桑的古玩，擁有者絕非我一人，我因而體悟每個人都不過是匆匆過客，在見到它之前，它們是他的，而今是我的，之後肯定是別人的，我們都不過是它的之一，不是唯一吧，我的收藏漸次從得到變成分享，從擁有變成捨得了。

我在古玩身上，虔誠地聆聽歷史，明白哲理，走進一個寧靜、悠遠的世界，領略到一種無盡的遐想和陶醉，使心態得到調整，性情得到修煉，心靈得到昇華，便是一個快意了得了。

醉翁之意不在酒

清代乾隆皇帝廣收名畫名帖，珍異奇玩，在位六十年，八十八歲而終，是歷代封建帝王中最愛古玩的大收藏家，故宮很多珍品之所以可以完整流傳下來，老皇帝居功厥偉。

識古學文，德藝雙馨，這是魯迅給我的啟發，魯迅流連在琉璃廠中不是為了淘到秦漢唐的寶物，而是識古與鑑古。我受他的影響極深，收藏一把劍可讀十本書，一把刀再買十本書，一件漢朝的畫像磚又買十本書，無形中便減少了許多買賣上當的機會，事實上古玩收藏圈裡的玩家極少有不讀書的人。

「書是命運的甘露，會讓無知的土地開出智慧的花朵，也會使苦澀的枝杈結出幸運的機遇。」

看來是真的吧，如果不是雅玩，有了境界，古玩便不好玩，至多是一種貪婪的器皿罷了。

人一生之中至少要有一個知音，三個好友，如何找著呢？

登山可以得其一，運動可以得其二，古玩可以得其三，這些全是比較「真」性情之人，《禮記．學記》上說：「獨學而無友，則孤陋寡聞。」一件古老的藝術品包含著深奧的科學知識，「大開門」、「一眼貨」在當今市場上是不多見的，若是閉門造車、冥思苦想未必有用，我除了讀之外，最喜歡聽高人的指點。

《論語》說：「學而時習之，不亦樂乎？有朋自遠方來，不亦樂乎？」講的應該是一票志同道合的朋友吧，才能與《詩經．衛風》：「如切如磋，如琢如磨」相應成趣了。

鑑賞把玩，情趣盎然

唐宋茶盞，元明繪畫，我，沒有，故宮看去。

書聖王羲之的雄渾蒼茫、勁健飄逸的《蘭亭集序》即使是真品出現在我眼前，當下會被迷得神魂顛倒，但也只能對這「天下第一行書」徒呼負負。

鑑賞把玩如果只添一個苦字，那不是慢下來的日子裡收藏的目的了，一者以得一者必失，從中應該感悟的是人生。

英國集郵收藏家普拉斯像個瘋子，為得到那小小的郵票，他一生過著清貧的日子，直到老了，集郵界才發現這一號人物，藏品讓世人震驚。

是得？是失？

真難說，只要開心又沒有影響家中生計，有何不可，我的收藏大約是我收入的十分之一費用，從來不會超過，把握的原則是我樂但不可使家人因而不樂為上策。

書寫這本書的前三年，我開始另一個古玩捨得計畫，取一些能捨好物，用低於當年的收藏價格，上我的臉書標售，一來是我早從中得到了學問與哲理；二來很多物品曾書寫在古玩雜誌專欄，稿費早多過物件的費用；三來變賣之後成為我的慈悲基金，用來幫助單親媽媽，支助藝術家，成了一種慈悲的兌換。這個想法也是得自收藏泰斗張伯駒先生，我從文章中得知當年他賣房賣地購得了國寶《平復帖》，即使日本人獲悉想得到，用刺刀威脅，他都沒有屈服，用生命保住了民族瑰寶。

《平復帖》和《遊春圖》等二十多件珍貴文物最後全數捐出讓更多人賞品；收藏家洪木榮更是震撼收藏界，國寶級藏品上百件，一級文物三百餘件，精品三千餘件，總計在十萬件以上的藏品全部捐出，是「真名士自風流」。

王國維說：「境界，本也。」我猜也是，台灣其實滿可惜的，有很多老房子都用來BOT做了餐飲，如果開放給文人BOT當博物館，藏書藏文藏骨董使用，我第一個捐出古玩。

我玩古玩，沒有玩出財富，但玩出藉古玩「觀照自我」的人生風情。

01 讓一半人間

半百之前，我的人生實踐是「放」的，前方擺著的是得；半百之後，人生改用「收」，捨成了座右銘，收放之間，要悟。

兩篇文章給我不少啟思：

1. 唐朝劉禹錫的《陋室銘》：

「山不在高，有仙則名；水不在深，有龍則靈。斯是陋室，惟吾德馨。苔痕上階綠，草色入簾青；談笑有鴻儒，往來無白丁。可以調素琴，閱金經。無絲竹之亂耳，無案牘之勞形。南陽諸葛廬，西蜀子雲亭。」

孔子說：「何陋之有？」是啊，百年爾的人生，想要比需要多太多才是苦，五尺高六尺床何需一生勞碌？重點不在屋有多豪華，而是人有多用心。

2. 明朝李密庵的《半半歌》：

「看破浮生過半，半之受用無邊，半中歲月儘幽閒，半裡乾坤寬展。

半郭半鄉村舍，半山半水田園，半耕半讀半經塵，半士半姻民眷。
半雅半粗器具，半華半實庭軒，衣裳半素半輕鮮，餚選半豐半儉。
童僕半能半拙，妻兒半樸半賢，心情半佛半神仙，姓字半藏半顯。
一半還之天地，讓將一半人間，半思後代與滄田，半想閻羅怎見？
飲酒半乾正好，花開半時偏妍，半帆張扇免翻顛，馬放半韁穩便。
半少卻饒滋味，半多反厭糾纏，百年苦樂半相參，會占便宜只半。」

李密庵教我的是半半哲學，白天一半，黑夜一半，不要只有工作，工作之外不要工作。

人生只是限期卡

傑克．尼克遜與摩根．費里曼主演的《一路玩到掛》，在自我生活調息之後再度觀賞便很有感觸了，迷惑的是人何以都是在快失去時才懂，珍惜往往從消失後開始！傑克・尼克遜飾演的億萬富翁每天過著奢華享樂但心靈寂寞的日子，他忽略了重要的人生清單。直到生病之後，他才發現原來人生不是他口袋裡擁有的黑金無限卡，而只是一張「限期卡」。

美國作家比爾・利特爾說：「在生活中，不會永遠有特權去做自己高興的事，但我們有權從所做所為中，得到最大的樂趣。」

在歲月淘洗中我也漸次完全理解這句格言的意義，工作賺錢最大的目的不是向人展示自己的掠奪，不是炫耀那結果的如何豐富，我的收藏因而慢慢轉型成了我的人生哲學，我開始有了不同的感知，經過多年的收藏，我的物件的確豐富了，但並沒有因而得到更多的金錢，而是理解出更多的哲理。這些超過百年或者更久的古玩，原來肯定屬於別人的，可是一個百年也許便換了很多擁有者，不停流轉，你的變成我的，有一天一定是他的，它們沒有固定的歸屬權，那麼我應該從中得到財富，還是美好？

這是我半百之後懂得的話題，我的收藏終於在有一天之後用這個體悟出來的哲思換妝，本來是由「得」出發的事，慢日子後慢慢的用「捨」寫下新的篇章。我很捨得把一些收藏取出剪開，再一件件用自己的手藝重組，並且販售，兌換成了慈悲喜捨，送出別人餐桌上足以溫飽的一頓飯，或者一位藝術家圓夢的橋梁，這些有意思的轉折，書寫出另一套路的故事，讓我的收藏演奏出不同的驛站風景。

我用心經營的臉書成了橋梁，很多人不請自來，其中一部分是藝術家、攝影師、陶藝家……我放出平台展示其作品，他們都有一雙巧手，可以編織各式美不勝收的藝術品，甚至媽媽離世之後我整理出來的一塊斷玉，他們運用巧思轉化成一條美輪美奂的手鍊，幫我縫回記憶，讓我睹物思人！

我的收藏也在多年之後派上用場，我用它研究、寫書，最後並非投資式的變賣換錢，轉成一筆筆助人基金，友善的載著夢想，美好澆灌善念的那一畝田。

讀者都說我很會說故事，但真實的理由是我很細心，很會記下故事。

明佛與老藏家

我有一尊明朝的佛像，法相莊嚴美呆了，前一位擁有者是當時高齡八十一歲的老翁，我與他彷彿俞伯牙和鍾子期，在一個點上偶遇。他是古玩行家，藏品不乏佳作，他說自己老了身體不佳，手上的藏品想託售給有緣人，但用了「託」字，聽得出來藏著淡淡哀愁，這些收藏骨董原本是想傳給兒女，但看來他們應該是不懂不愛，怎麼辦呢？只好自己走了出來尋找古物的惜緣人，我被相中，以金錢交易的形式把好的東西委託給我。

他的收藏品相都頗佳，開價其實不低，我看上了幾件，加總起來大於我口袋裡的所有，阮囊羞澀，錢確實帶得不夠，只好作罷，很靦腆告訴他窘況，約定擇日再來好了。

但他留住我的腳步，直說無所謂，真的喜歡就一口氣帶走它們，有多少就多少，說他老了，身體又不好，也不知下一次是哪一次，何時還會再來？我意外聽出了鼻酸，彷彿一種遺言似的，我點點頭，躲到一角取出拼布包包，打開來仔仔細細盤點了一下，哇，還差了三千多元，差距頗大，但他依舊那句無所謂，並且加贈一把壺。

最後我把口袋中的所有銀兩全掏出給他，臨走前老先生還我三百元，他貼心的說：

「口袋裡不能一毛錢都沒有！」

好有溫度的一句話，像在叮囑自己子女一般。之後我真的沒再見過老人家了，他安好嗎？也許在別人眼中這樣的故事不過是一場交易，一場人生邂逅，但在我看來卻含了一種哲理，珍惜每一個美好當下！理解了錢這種東西，到了某一個年紀之後便成了可有可無的東西，它像一種媒介，可以無尺度的累積，也許用愛修飾之後助人，得一個慈悲，或者用心去花，我得了一個假日偷閒的舒心自在。

我的收藏這些年正在變身當中，開始從物的占有變成歲月淘洗下的人生哲學。

02

收藏反戰思想

磯村一路導演的《母親的樹》用平凡媽媽的視野看待戰爭，顯得更有味道與張力，這部片子是我遠行大馬演講時意外在飛機上的機上電影看見的，一眼就被這部改編自日本課本的劇情吸引。

它以生活在長野鄉間的媽媽為核心，用七個兒子與二次世界大戰當成主軸鋪展。起初的這個家，雖然日子過得清貧，但每天都很幸福。自從先生心臟病發作去世後，媽媽獨立撐起這個家，好不容易盼到了兒子茁壯成長，卻因戰爭的擴張，死傷人數日增，入伍令終於來到這個山邊小鎮，兒子們一個接著一個入伍。每一次送走孩子，媽媽就會在自家庭院種下一棵梧桐樹，等待著他們的歸來……

一個個兒子入伍，都被用骨灰的形式，光榮的包裝陣亡的消息，讓她一次次把孩子埋進樹下……

本寄望能有個兒子能回來，但她還是無法得償所願。最後唯一生還的二兒子終於在戰爭結束後平安返家，但卻再也見不到母親了……

這就是戰爭

我的古玩收藏櫃裡關於戰爭的記事一下子飛掠出來。首先是那一組個個黑呼呼的「鴉片膏盒」，它們材質不同，來自不同偶遇，一種常民的，一種屬於貴族。常民的那兩只是銅製的，應該都有百多年了，做工比較粗糙不考究；貴族的則細緻多了，把雞翅木硬生生挖成精緻小盒，鑲嵌銅片，活脫脫就是藝術品，還殘留了一些百年前先人用過的黑呼呼的膏泥，那是我在北京親王府弄巷裡的一間古玩店買來的，十足王宮貴族的日用品。老闆沏了茶幽幽道來歷史，起承之間有聲勢有沉思，有如說書人一般道盡了清朝政府的昏睡無力抵抗外侮，與鴉片膏泥藏著的醉生夢死，成癮的生物鹼會使吸食之人喪志廢時，病身敗家，日行貧弱，一小撮就足以讓一個人在片床上躺上幾個鐘頭，日積月累便成了廢物。睹物思史：廢物能打什麼仗？怪不得只能割地賠款，成就了一頁受辱史。

鴉片與禁菸自然是同時存在的歷史，林則徐躍上舞台成了英雄，他到廣州禁菸，當地官員本來是想拿銀子打發他回家的，誰知此人是真心辦事，不吃這一套。

當時官員們都當他是有錢不拿的神經病，這種人即使在二〇一九還是神經病吧！怪不得戰爭之下，很少林則徐，很多媚外的漢奸，這是鴉片膏盒告訴我的事。

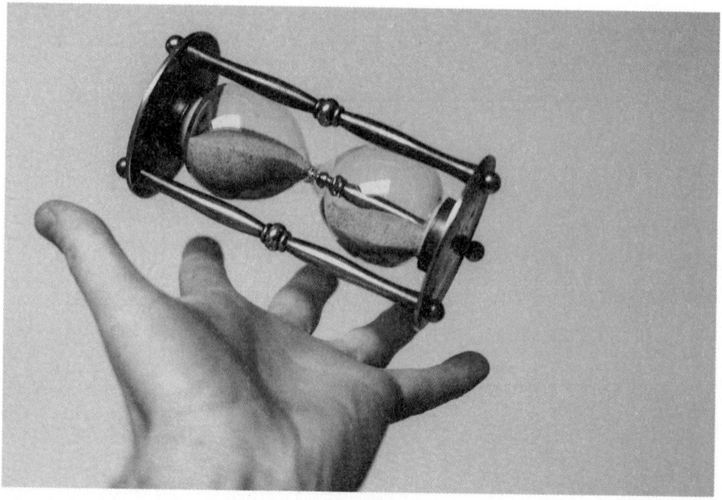

刀光劍影，大約想像自己是俠吧，偶爾取了出來上油擦拭一番，在刀劍的血槽中我隱約看見殺戮，不是砍人就是被砍，它們同樣書寫出戰爭，但為何要戰爭？

我不是歷史學家，少了知識的束縛，剛好可以從不同的向度審度歷史。我猜想，戰爭從來不是多數人的決定，通常只要兩個貪戀權力的蠢驢就行了。黃帝與蚩尤大戰是他們兩個人決定的，但死了很多別人。黃帝當然沒死，我們才會自稱後裔；蚩尤也沒死，只是敗了。蚩尤是壞人嗎？可能不是，他只是輸了，成王敗寇的定律下他成了不值得一提的壞人，贏家才是好人。

只是我百思不解：為什麼兩個人彼此爭權決戰，就得讓一堆人喊殺赴死，怎麼看都怪，為什麼是他們說了算？我一度窮極無聊的很費事的從歷史的載錄中，拼湊長城的長度與磚塊的數量，以及死亡人數的關係，看來是為了一種叫作防衛的工程，如此細數下來每一塊磚都可能死過人。

罪人不死？

魏蜀吳的曹操、劉備、孫權擔綱演出的風雲三國，是由他們三個人決定的，讓狹義定義的六十年，廣義約一百年的三國，一直處在硝煙之中，反覆吟唱著砍殺的故事：揮淚斬馬謖、關興斬潘璋、曹操殺呂布、周瑜用計使曹軍水軍大將蔡瑁、張允被斬、關羽被襲殺、孔明用借來的箭射殺不少無辜的人……殺人貫穿這個時代的歷史。

三個人就可以決定一場驚天動地的戰事，只是他們三個人無論戰爭如何慘烈，就是不會死在戰事之中，但卻斷送了多少英雄豪傑？

每一個謀篡的人全都有冠冕堂皇的理由，但內裡絕離不開光怪陸離的權位。太平天國也不例外，洪秀全與馮雲山打著救國救民的口號，從道光晚年、咸豐至同治初年間建立了政權，楊秀清、蕭朝貴、曾天養、石達開加入後如虎添翼，一八五三年攻下金陵（南京），定都後爭權就開始了，為國為民，假的，狐狸尾巴的後面是為權為利。

日本的侵華戰爭應該不是所有日本人的決定，二、三兩人就可以決定千百萬人投入這個血流成河的戰事，殺敵一千自損八百，人民全是可憐蟲，戰爭那來贏家，殘暴且喪失心性的後面可能是畏懼。

瀋陽監獄的吊頸台令人不寒而慄，站上當年處決高台上，想像日本兵用腳一踢，抗日人士頸斷人亡，掉進了桶中再用石灰掩入成為凝固的水泥，不禁毛骨悚然，他們真的是凶殘抑或害怕？

戰爭的殘酷在於我們無法決定，又必須殺害無冤無仇的人，上膛、射擊，在無寃無仇的人身上烙印，使之哀嚎、死亡……殺人只為了虛假的權力。

我的收藏一直不只是收藏，那些古老的器皿有時反射出來的卻是人生裡的一種借鏡吧！

03

盤碗中的誠信記憶

藏物櫃上有五、六件美輪美奐的「老」碗盤，年代大約落在清末民初，頂多是民藝品，有著歲月雕飾的痕跡，很有味道的讓我想起童年時光。

雜貨店一直以來是我家收入最重要的來源，但付錢的少欠錢的多，並不是很穩定；果園則要看天臉色，宜蘭風災頻仍，一年闖進兩、三個颱風，果實掉落，大約就等於血本無歸了；一斤四、五元的菜價大致上也很難致富，甚或打平家庭開銷。於是「丙丁盤碗出租店」便成了另一個經濟支柱，喜慶婚喪都來租盤碗，這隻金雞母還含藏了兩個老男人的因緣與信任。

老家附近有兩處兵營，較大的一處叫作「鴨母寮」，老一輩的人喊駐軍為「豬婆仔」，為何這麼說？不可考了。駐軍的士官兵中大半是從大陸敗退沿路被強徵的娃娃兵，父親的結拜兄弟孫義是其中一位，十多歲的孩子莫名其妙被抓了起來，從此離家背景與父母失去音訊。他一直思鄉情濃，每每放假就來我家的雜貨舖向父親訴苦，把我父親當成他爹。他很想逃回大陸去，父親一直以為那是玩笑話，真沒料到他竟帶種逃兵，而且躲進我家，父親當晚決定冒險抄小路送走他。多年後才知最後的落腳處是鶯歌，他更名改姓，

娶了陶瓷廠老闆的女兒，經營起陶瓷工廠。幾年之後，逮捕的風聲熄了，孫義回到了宜蘭，當面謝過救命恩人，並且拜把成了忘年兄弟。

早年我家的旅行目的地非常單調都叫鶯歌，那是除了宜蘭之外我唯一熟悉的地名，父親只見一個人就是孫義，孫叔也常來我家。他多次來訪，發現父親的慈善個性一直改不了，而我家的經濟狀況便跟著沒有什麼起色。孫叔當時已嗅到盤碗出租肯定屬於新興行業的契機，告訴父親並且帶來一套SOP，他當機立斷用貨車運送來他家的碗盤，教父親做起出租生意，言明有賺錢再結算費用。父親沒多久便喜上眉梢，發現生意如潮水一樣湧來，澈底改善經濟，於是第一件事便是與孫義叔叔結清費用。

父親為了方便，請大哥匯出一筆錢放在叔叔的戶頭裡，由他全權配貨，半年或者一年給一張細目，帳款總是只會少不會多，他們之間完全沒有合同，只有「一張嘴」的口頭約定，父親的一言九鼎比起蓋滿密密麻麻用印，白紙黑字的合約來得管用得多。

父親眼中，八塊錢成本的東西，售價該是十元、十二元，如果以八十元、八百元售出就是暴利，與偷拐搶無異，信用靠的是心，不是一種框架般的形式。

收藏記憶

盤面上畫飾著蝦、魚、花的老碗盤，我每每看見就會停下腳步，佇足凝視，甚至買了下來，很多人以為我只是收而藏之或者投資，事實上我看見的是它藏著的人生紋路與我的美好記憶。

媽媽離世後，我在她的房間找著一本小小的記事本子，彷彿一扇時光孔道的門帶我回到那個忙碌有錢的美好時光。媽媽的文體完全屬於自創一格的女書體，左邊可以在右邊，任何字都可以少一點多一橫，缺一邊，只要她自己看懂即可，有何不可以？我後來唯一常犯的錯便是寫錯字，不知是否與她有關？

第一頁寫著「尚德村十桌」，代表某年某月的某一天，有人訂了十張數量的碗盤，當天我們要準備十張桌子，一百二十把椅子，一百二十個碗、筷、湯匙，一百二十個各式盤子，再花上一百二十分鐘，用手拉車拉去拉回清洗，得出一桌一百元，十桌元一千元的價金，最後成為付出學雜費的錢。

年節盤碗出租的「豐年祭」，訂桌數好幾百，父母兄姐們大約要忙上半個月，都是日以繼夜的工作，送去收回，我有時也得加入，忙到凌晨睡眼惺忪才去睡覺，隔天一大清早再起身走路上學，記憶裡的碗盤已非碗盤，而是讓我上學讀書的兌換。

物在用不在藏

老碗盤是很多人都有的共同回憶，它們不只用來盛飯菜，還有夏日冰鎮的剉冰，但這些老碗盤被搜集後通常是進展示櫃「供」起來，失去原先的用途。

台北福華大飯店蓬萊邨台菜餐廳主廚王永宗，將料理盛裝在自己收藏的老碗盤中，復刻老台菜的樣貌，也將台菜文化傳承給新一代的廚師。

當他用老碗盤裝盤完成時，廚房資深的老師傅都會驚嘆記憶上了心頭：「這道菜我已四十年沒看過了。」他自二〇一二年開始收藏老碗盤，便收不了手，至今約有六百件藏品，這個數量並非最「大戶」，但將珍藏拿來使用的，只是鳳毛麟角。

他的想法我完全可以理解，老碗盤藏不如用，還原它的「食器」用途，菜餚與碗盤便可相互輝映說出故事，那是我在慢日子裡慢慢想起的美好歲月。

04

老鐘的異想世界

收藏的第一座鐘來自國中導師的鐘錶博物館，半買半送塞進後車箱載回台北，鐘面是巴洛克式的建築風格，發條上鏈，滿鏈能走七天，行家稱作「七日鐘」，後面有一行製造文字，說明它造於一九一七年，有百年歷史了。由於發條經過歲月淘洗，肯定老舊不再準確報時，前幾小時也許標準，但之後就愈來愈不準確了，連敲的音律也由清亮變成矇矇的，不太準漸次成了一種常態。

這讓我有了一些奇想，不準確的年代活得開心？還是很準確的年代呢？古代與我們有著不同的節奏，不同的音律，沒有時間包袱，不必一直校正，因此偶爾會遲到，一天之中最準的是日升日落，天黑天亮，這樣反而自在隨性，日出作日落息，不必把人生變成打卡鐘。

老鐘的一點敲了一響，兩點兩響，十二點十二響，我一開始覺得是件美妙的事，像天籟，但在家人的耳裡卻是恐怖噪音，已經夠忙夠煩人了，我還弄回一口鐘敲敲打打。

物超所值，立刻成了家人們的酷刑，之後我就不敢天天「上緊發條」，

只是偶爾特別的日子，逢年過節，比如說元旦，才讓它發聲，應景的敲敲打打，以示慶賀紀元的轉換。

「時鐘」的原意是計時，為了讓人更有效率、更精確，埃及人、中國人、希臘人以及羅馬人都在這方面下了功夫，做出貢獻，發明了日晷、水鐘與其他早期計時工具，之後由西方世界繼承了這些偉大科技發明。直到十三世紀，由於生活需要更為可靠的計時工具，中世紀的工匠們發明了機械鐘。雖然這項發明已可滿足修道院與都市生活的需求，但對於科學應用來說，它還是不夠精確，仍不足以信賴。這個問題到了以鐘擺來控制機械的運行之後才獲得解決。

準時一定好嗎？

準確計時在農業時代是天方夜譚，但工業時代之後，高度精確的計時器為大部分電子儀器校準時間，我們卻因而由時間的改造者，變成時間奴隸？

即使第一座機械鐘被認為是在西元一二七〇年左右由歐洲人所發明，利用纏繞在主齒輪鼓重錘上的力量帶動時鐘轉動，控制擒縱器的砝碼可調整轉動的快慢，但真正廣泛使用鐘錶不過一、兩百年的事而已。科學家們更敲開精確計時的大門，原子鐘在科學儀器的校準已可以做到分毫不差。

科學如此發達，時間如此精密，忙因而悄悄上門，我竟然意外的害怕起來！怪不得有人要控告臉書，理由是「綁架人生」，我開始喜歡愛因斯坦眼中狂想式的物理時間，流盪在時間變成空間之中，想像時間立體後變作空間，空間線性後成了時間，時空可以自由轉化，成就了時空穿梭的論述。

但物理的時間太複雜了，不是我的世界，長時間以來它的功能都只是計時的，滴滴答答從一秒變成一分鐘、一個小時、一天，歲歲年年花相似，年年歲歲人就不同了，青春洋溢之後接軌的是老人遲暮。單看一個冬去春來的早晨，太陽暖烘烘照射大地，伴著拂臉的微風並不覺得熱，我脫下外套到園子裡工作，預備種下新一季的菜了。

即使我早已不敢蹲下工作，而是坐在小椅子上，起身依舊覺得雙腿不再那麼使得上勁，但隔日醒來還是覺得筋骨惡狠狠的抗議，從背椎直達頸椎產生了微微的痠……就知道它代表老了，我得修行服老這門課程。

時間太準了實在未必好，連老化也準的不得了。

這是我在收藏古董機械錶時，體悟的人生故事。

雞的計時

時間在半百之後自動啟動了「快轉」模式，馬不停蹄奔馳，一歲越過一歲，站站過站不停。

時間是不變的橫軸，我們是變的縱軸，它不變就我們來變，它快我們宜慢。我因而想起「公雞」年代，我的小時候不是沒有鐘，而是聽雞的，牠叫就是天明，日落便是天黑，名詞很含混，時間不精確，但人卻因而自在。

公雞的年代我家可能還沒有洗衣機，老家的河變成洗衣店，媽媽在假日會要我把前一天換洗下來的農事工作服與我們的學生卡其制服，一一裝入木製，提起來有點沈的檜木桶裡，順手擰起看來可怕用以敲打衣物的「狼牙棒」，輕輕推開柴門，要我陪她到河上演出動人的「浣衣記」。

我多半在淺水區嬉遊、摸蜆、捉蝦，過年過節，媽媽的浣衣會加碼演出殺雞記，刀起刀落挺嚇人的，前一刻活生生的雞鮮血直流，下一刻便成了節日上的佳餚，我常用手掩住雙眼不忍視之，雞的內臟成了孩子們的無形釣竿，能吸引躲在石縫裡的毛蟹，經常大有斬獲，可用來餵食雞鴨。

媽媽的浣衣記確實處處蓮臺，步步蓮華，歡喜隨心，沒有時間觀念反而更有時間，她們手上都有一只開關！

雞的年代消失之後，時間變成簡易的計時器、機械鐘錶，最後到了準得不得了的石英鐘錶。現在是時時刻刻都有計時器的年代，我們為何反而沒有時間，用手浣衣變成洗衣機，三小時減為五分鐘，衣服放入，洗衣粉添加，人走了，剩下的時間不是用來飲茶，而是小倆口不停的鬥嘴開戰。

鐘錶的世界，我看見快與慢，衝突與優雅的思辨。

05

印石的慈悲喜捨

為藏而藏一定侷限在貪婪、投資與獻寶罷了，便將少去人文的風采與歷史刻紋。少了念舊之下焙得出的溫度，物還是物，哪來哲理，論斤計兩的舊物，織不出重生的美好。

也許是自許為文人，我的收藏品與收藏家大有不同，都是冷門沒什麼投資效益的，印章是其一，印石、印面與印文，巧妙的結合成了一種藝術，蓋印是驗明正身代表自己，也是一種信用，印上了便是一種承諾，合約成立。

刻上自己名字的是正式章。

刻上「偷閒」、「自在」、「隨緣」、「得意方一天」、「境隨心轉」等等的叫作閒章。

「聽雨軒」、「閒閒居」、「忘機小築」、「無塵軒」，「無垢樓」等等可能是書房的名字或者藏書章。

印章最有意思是邊款，多半是記事用的，才會在印章的某一面刻下一些文字，可能是刻來送人的，也可能是一次偶遇的記事本。

我收藏的數百方印章之中，有一方很是特別，邊款上記下一次漫長的海上旅程中，與一個人在寂寥的甲板聊成了莫逆之交，兩人無話不說非常投緣，但再漫長最終也得一別，下船前他隨手取出一方石質不佳的壽山石，刻下這次人生偶遇的火花，其中一段：得一知己，夫復何求？

應該沒有料到這個知己最後釋出這一方章，或者後來把這一方章扔了流浪到了骨董市集，莫非這就是人生？

這方章讓我努力思考那段旅程中的兩個老靈魂，一段不可思議的友情。

依材質來說，這方章真的不值錢，但其藏著的內裡卻又很有價值吧。

印石中的大江東去

我的印石收藏分成新舊兩款，藏著歷史的老印章更吸引我，除了溫潤與晶瑩剔透之外，還藏了人文厚度，值得反覆玩味。

印石中以雞血、田黃石、芙蓉為三大名石，石質確實溫潤優美，但不乏人為炒作的痕跡，墊高了真實價位，貪焚夾在其中，美便不美了。

藏於一座山，被用女媧補天的煉石精神挖了出來，去蕪存菁之後成為一個品相完美的

珍稀品，出現在我們眼前，單單這些環節與美不勝收加起來便是不低的價格，我用錢的交易買了下來。午後涼風拂起，我在飄香的包種茶升起的煙霧中放在手上摩娑，細細端詳，得一個慢日子，則是價值了吧！

幾十年、上百年的老印章本身就是故事，在2×5×2的小小空間裡，有如硬碟一般典藏著主人的時間往事，我必須發揮想像力，用編劇的精神，用幻想載錄前一位擁有者的前世風華，他是誰？做什麼？而今安在哉？

常常在那個當下不由自主聯想起了蘇東坡的《念奴嬌》：

「大江東去，浪淘盡，千古風流人物。
故壘西邊，人道是，三國周郎赤壁。

亂石崩雲，驚濤裂岸，捲起千堆雪。
江山如畫，一時多少豪傑。
遙想公瑾當年，小喬初嫁了，雄姿英發。
羽扇綸巾，談笑間，強虜灰飛煙滅。
故國神遊，多情應笑我，早生華髮。
人生如夢，一尊還酹江月。」

它們曾有主人，易了手換了主人再易手，輪流幾回之後物在人亡，而今在我手中到底理出什麼道理？真值得玩味。

收藏印石的起心動念就是藏，沒有想過有一天它也可以載運慈悲！慈悲的故事。

身障刻印師傅嚴格來說稱不上朋友，他是出版社老闆的朋友，我是這一家出版社的作者兼編輯總監。有一天，老闆求助於我，拜託我利用人脈請求醫藥線記者為身障朋友受傷嚴重的兒子，找一個最好的治療……我才知道治印兩夫妻都是身障，生下四肢健全的兒子，兒子在公園嬉遊時被野狗咬傷，沒料到會引發敗血症，最後小生命是救了回來，但也同時截肢了。

龐大的醫藥費沒有著落，我自告奮勇寫了一封文情並茂的募款信，向周邊的同事、友人勸募，得款三十萬，由出版社老闆簽具收條捐出。

有位經常到廟寺打禪七的同事，在這件事情上一直潑冷水，認為我多此一舉，但事後證明外界捐款遠遠不夠，原來修與行是兩回事。

我的金石收藏此後派上用場，我按月取出幾方收藏的溫潤印章，提供印文讓其撰刻，付出費用，這便是藏書章的由來。

盧梭說：「善良的行為有一種好處，就是使人的靈魂變得高尚了，並且使它可以做出更美好的行為。」

我沒有這麼高尚，不過是量力而為，施捨中我自己也是受益人，得了更多自在哲理。

06

職人的慢功夫

何謂達人？維基辭典是這樣解密的：

日本引《漢書賈誼傳》：「達人大觀，物亡不可」，原意是「善於判斷，通達明理」之人；更早則見於《左傳・昭公七年》：「其後必有達人。」唐・孔穎達注疏：「謂知能通達之人。」具體形容的便是高手、專家了。舉凡我見過與報導中所提及的達人或者日本的職人精神，都有一項特質就是「慢」。

俄國作家高爾基說：「世界上最快而又最慢，最長而又最短，最平凡而又最珍貴，最易被忽視而又最令人後悔的就是時間。」

時間速率可快可慢，又快又慢，但真正的調撥者只有一個人，大約就是我們自己，可以使用快轉，但會忘了呼吸的律動，忘了美好的味蕾，忘了擦身而過的風花雪月；也可以使用慢轉，用一種與眾不同的節奏、態度與醒悟覺察人生，最後懂得把珍貴的時間慢慢留給了自己。

我猜想達人用的是後者的方式，一切慢慢來，但沒有理解與開悟可能一輩子都做不到吧。

慢煮，慢泡與慢飲

收藏櫃中的紫砂壺乍看是壺，實際上是禪，早年購買清一色的是老紫砂，但數量真的太多了，只好「清理門戶」ＰＯ出與臉友分享、廉售。友人是一位收藏家，聽後愣了一下，告訴我老紫砂宜留不宜賣，因為當年這些老藝匠得閒，日子過得慢條斯理，把把專注，做工精美，泥料純正，具有收藏潛力；舊泥料早已採收到了盡頭，非常難得，新壺常使用不同比率的混泥，添加許多不該有的化學品。可是我物滿為患，還是得清上一清呀！

為什麼買這麼多壺？

嚴格來說不是投資，而是文人癖好，嗜好茶在滾水中化開溢流出來的香味，紫砂壺，應該是一種生活用具吧！

明代文學家李漁曾對紫砂壺有此評介：「茗注莫妙於砂，壺之精者又莫過於陽羨。」他認為宜興紫砂壺為茶壺之最，古樸風雅，不媚不俗，與文人的氣質十分相投。

紫砂壺迷人的關鍵在陶土，是質地細膩、含鐵量高的特殊陶土製成的無釉細陶器，一般呈赤褐、淡黃或紫色，特色在不奪茶香，能聚茶氣，韻出茶香。壺的優雅在技，明代的惠孟臣把手拉胚的製壺技藝提升了一個檔次，以梨形、鼓腹、平肩等傳世，作品以小壺多，中壺少，大壺最少。

一時之間市場上充斥大量的「孟臣壺」，壺身滾圓，整體看起來小巧玲瓏，雅致脫俗，造型奇特，光澤瑩潤，線條流暢，全都堪稱藝術，但不可能採用細膩泥質，成品胎質細薄，更非由惠孟臣本人製作。

在拍賣場上一把上百近千萬的真品，那所謂的孟臣款，貪求者異想天開，以為上千元便可以不小心買到百萬的壺，這種鬼迷心竅，以少搏多的僥倖心態的確人人有之，都相信自己是幸運兒，可以在一堆散置的破銅爛鐵中找著宋元明清的寶物。痴人作夢需要智慧醒覺，與其買一把好壺，不如好好「養一把壺」。

養壺像一種修心養性的定靜慧，必須在慢中進行，它慢慢成了我晨起走入的「修心殿」，沖泡之間，次次回回用湯淋壺宛如浴佛的動作，時間在指縫間輕輕滑過，少了利益成就的罣礙，我用慢速度調養出一把把色澤溫潤、香氣純正的好壺。

「日本鐵壺」悶聲不響闖進我的世界純屬意外，這些年的經濟確實在等待一口荒漠甘泉，而今的財源已達泉沽魚現的地步，朋友的古玩精品店無論如何自欺欺人也頂不住了，他從一日上看百萬的交易，到了毛利有限的窘境，關店收攤的這三年大約都是用囤積的商品售出，換成每個月的房租苦撐，最後風浪太大依舊翻了船，收攤前的特賣會先找來我們這些有著三十年交情的老友掃貨，折價再折價，打到骨折，我們一群朋友全都帶回了不少戰利品，但我沒有掏寶的喜悅，反而多了蒼涼，見證一個世代的繁華到孤寂。

日本「人間國寶」高橋敬典的美妙老鐵壺便在這個因緣下進了我的家門，起初我並不知他是響叮噹的人物，即使友人介紹時有提及它的特別性，但仍舊被我視為一把燒來用的罷了，只想試試傳說中鐵壺煎茶可煮出甘甜茶湯，那知一喝便上了癮，天天清晨醒來的第一件事漸次不再是閱讀寫作，而是扭開瓦斯爐用鐵壺燒水了，廚房成了我的養心殿，我因它養出了慢慢來！

高橋敬典的鐵壺被日本譽為重要無形文化，那是鑄造職人的至高榮耀，只有少數兩三人可得，代表是某一技藝的傳承人，他的作品的確細膩難得，膾炙人口。我開始慢慢的養成一種習慣，用它燒上一壺水，慢條斯理的把水倒進壺中，幾秒之後，沖出來一杯三百毫升的茶湯，入口，人喉，入了心，它慢慢成了我慢日子裡的最佳陪伴者。

職人精神

秋山利輝創立的「秋山木工」，專門打造質感卓越、可傳承百年的訂製家具，備受日本皇室、宮內廳、國會議事堂、頂級飯店、美術館……喜歡，供不應求。

秋山木工採學徒制傳承，想跟著秋山利輝學藝，都要進他創辦的秋山學校完成整整一年的學徒見習課程，之後，錄用為正式學徒，為期四年的基本訓練、工作規畫和各種匠人須知的學習。第五年到第八年作為工匠，一面工作，一面繼續精進。而針對所有見習者和學徒，秋山利輝頒布了十條規則，其中一條最有感：工作期間禁用手機。

這是我每次逛百貨賣場的迷惑，為什麼老闆請人來看店，那人不招呼客人，卻一直滑手機，這就是我們所欠缺的職人精神，因為如此，所以便很難進階成為一位合格的職人。

我走訪京都時去了三十三間堂西側的名店「Westside 33 鍛金工房」，鍛金的大匠是寺地茂先生，他精於手作，一錘錘慢慢刻劃無數銳利而溫潤的角度，構成了流動的鍛面。作品以黃銅和鋁為主，冷冽的觸感中充滿了匠師投注的心血，卻顯無比溫暖，在顧客的口耳相傳下成為京都的逸品之一。

不用廣告卻生意興隆需要的是非凡的職人手藝，還有與眾不同的態度。

這便是我喜歡手作品的理由，機工與手作本來就是兩回事，差異在於人味。這樣的作品機械做不出來，模子複製在職人看來就是廉價品，機工看似雕但實際上是機械代勞，即使雕工精美也是半製品，只要一小時或者再久一點而已；但是一尊三義木雕，可是要半個月、一個月、半年、甚至更久，如果售價與機工相同，哪算藝術家？欲速則不達與慢工出細活是不同的兩件事，在此得了辨證。

手作品由於是歲月溫潤的作品，一筆一畫，一敲一打，一壺一杯……，都是用慢字化成的，適合擁有者慢慢摸，慢慢看，慢慢賞析，並且慢慢用，從中因而讓生活慢慢有了味道。

07 「銀」光世界

納蘭性德在《摸魚兒・送座主德清蔡夫子》寫道：「問人生、頭白京國，自來何事消得。不如罨畫清溪上，蓑笠扁舟一隻。人不識，且笑煮、鱸魚趁著蓴絲碧……。」

人不識的自在生活在忙碌得名位、每天在電視廣播中打轉時，突然浮現，有一陣子我下定決心變身成為「背包客」，一個人，一個背包，一張機票，便可以飛往一地，落地自由旅行。我偏愛窮山峻嶺，首選是少數民族的寨子，飛機到了雲南大理，搭上連夜趕赴大研古城的公車，在之字形的山路上周而復始前進，大約天亮便抵達東巴人的千年古城。之後的出入我都選用一雙腳，沿著老城玉龍雪山流洩下來的雪水交織成的水網，踏過青翠野地，站在城樓高地遙想當年，真有味道，慢行、閒晃、累了、坐下，醒來再走，天天走上四、五小時或七、八小時。

古玩店依著水道而開，累了停下來便入內欣賞。大研古城下行便是邊界的西雙版納，折返到附近的省城是貴州，我在雲貴見得最多的是代表苗族文化，有著數千年歷史的苗族銀飾，她們常常頭戴銀冠、項掛銀圈、身穿銀衣、手配銀鐲、腳繫銀鍊，以多為美，以重顯富。

苗銀並非純銀，主要成分是銅，含銀量不高，約在百分之四十，新貨在市場的價格較低，但老的苗銀卻有豐厚的文化內涵和高超工藝，被稱為「服飾上的史書」的精品，喜愛者看上的是它的品味，老式苗銀常常打造有龍、雙獅、蘭花、蝴蝶等浮雕圖案，銀鍊、銀鈴垂著是重要特徵，喻其長命，祈求平安。一條細小的銀鍊可由數百個不到二毫米的微型銀環連綴而成，全靠銀匠的精心打磨。古老淳樸、獨特精湛、生動自然是苗族人獨特的審美觀，由於地處偏遠，難與外界交往，件件具有民族特色，獨樹一幟，即使只是小物都書寫著匠人的心血與一段彩麗的歷史。

派克銀筆的思考

我最珍惜岳父留下來，岳母讓我帶走的一支派克75限量筆，我查核過資料，那是一七一五年一支西班牙滿載白銀的船隊，在佛羅里達外海沉沒，二百五十年後的一九六五年打撈上岸，由派克公司標購下白銀，用它打造出四千八百二十一支派克75銀格子的限量筆，筆尖十四K金，非常好寫，握筆的把手有特殊設計，為握它的三個手指設計了適當的凹槽，讓人寫久了也不累。

這支筆的前身是一批要載往美國的銀錠，應該是一筆可觀的財富無誤，可能用它來交易一批貨，載回西班牙兌換另一筆更豐富的銀子，這樣的思路與我走在雲南的茶馬古道上的體驗理解的「馬幫文化」，完全一致沒有扞格，只是西班用船把貨載了出去，馬幫用的是馬或驢子，再把錢賺了進來。

茶馬古道的風險與行走在海上的船完全一樣，它得穿越青藏高原東緣橫斷山脈，是世界上地形最複雜和最獨特的高山峽谷地區，沿途皆高峰聳雲、大河排空、崇山峻嶺、河流湍急。茶馬古道主要有三條線路：即青藏線、滇藏線和川藏線。

有一首流傳久遠的康藏南路民歌生動的呈現茶馬互市輸送的情景：

茶葉最先出在哪裡？最先出在東邊漢地。
三個漢族子孫種的茶，三個漢族姑娘採的茶。
雪白銅鍋烘出來的茶，商人洛布桑批買來的茶。

駿馬和皮毛藥材換來的茶，馱夫翁塔桑穆馱來的茶。
渡過大江小河的茶，翻過高山峻嶺的茶……。

蟲草、貝母、大黃、秦艽等珍貴藥材，透過馬幫送出去換回銀兩，說穿了這是一條煉金大道，但我們所不知的是，到底有多少人為了再多一點的財富，人走出去家城之後便永遠回不了家，客死異鄉，如是一來錢又有何用？

走在馬幫走過的山中絲路，我想了好多，這個地方物產豐富其實不愁吃穿，一口飯並不難，但知足很難，第一次可能受邀或好奇，有了第一趟馬幫帶回滿滿銀子的經驗，第二趟，第三趟，很多趟之後便會是貪婪了。

銀子．銀子

龍銀是奶奶藏了起來，離世時舅舅從她房裡埋在地下的石甕中挖出來清點找著的，紙鈔全數化成灰燼，那是媽媽回娘家，舅舅塞給她的孝親費用，奶奶沒有用，紙鈔埋在土中成了細菌食物，最後塵歸塵，土歸土了。

這件事我也想了很多，錢如果被用就是錢，但奶奶使之一無所用，看來重點不在錢而在用，沒用無用了。

龍銀是清理出來最完整的，除了氧化變成黑呼呼之外，基本上完整，媽媽分得三個，統統是日本銀元，載錄了一段殖民史。

我還有一個袁大頭，怎麼收藏早忘了，具體而言就是袁世凱的皇帝夢吧。一九一二年四月袁世凱出任大總統，為了提高統治地位，趁機把他的頭像鑄於幣面，一九一四年二月七日，以大總統令形式公布了《國幣條例》及《國幣條例施行細則》，規定國幣種類有銀幣四種（壹圓、中圓、貳角、壹角）、鎳幣一種（五分）、銅幣五種（二分、一分、五厘、二厘、一厘）。

國幣以壹圓銀幣為主幣，總重量為庫平七錢二分（26.86克），含純銀六錢四分八厘（23.9024808克），以銀九、銅一（後改為銀89，銅11）鑄造。正面鐫袁世凱側面頭像及發行年號，背面鑄嘉禾紋飾與幣值。

袁大頭後來在南京、廣東、武昌等造幣廠陸續鑄造，壹圓銀幣幣型劃一，成色、重量有嚴格規定，很快受到認同，成為流通的主要貨幣，只是袁世凱的帝王夢碎，袁大頭從銀元成了收藏品，再次見證人生的無常。

軍機處？

應該就是古代的國防部，我手上有一只進出宮內的通行證，純銀打造，極沈，藏家釋出的，細細考究，保證背後可能都有一段淒迷的歷史，像羅馬古城龐貝一樣被火山突然爆發的熔岩一夕之間埋成了灰燼，人生一瞬被定格，但從考古出來凝固時間裡可清楚看見這些人當下在做什麼？件件雕工精細的古物推知，他們是一群懂得把得到的錢用來享受的民族，活得很悠雅。

是的，人生要優雅，這便是我後來收藏的理由。

這些銀製藏品全是銀子或我用銀子換來的收藏，但最有價的不是能賣多少錢，而是它典藏在內不輕露於外的人文底蘊，與慢生活裡提供給我細細玩味的價值，還有錢到底是什麼的迷思。

煙斗的風華

我不抽菸但對煙斗卻有迷戀好，猜想與林語堂有關！

純銀的那支風情萬種，煙斗上有隻小老鼠，栩栩如生，一條銀鍊下垂，非常小巧像女生用品，只有大員外配用它吧，拿在手上十足炫富用的。

象牙已不再能交易，它們是在公約法令之前成了我的收藏，紋路清晰，雕工一流，尤其黃楊木的那一支，刻上梅花，真是巧思，煙斗與梅花應該也只有文人才可以聯結幻想得吧！

林語堂的故居在陽明山的仰德大道上，我常常停下來佇足流連，當年還有餐廳，我常入內點上一客，坐在最靠木門的位置想像他所寫道的：「黃昏時候，工作完，飯罷，既吃西瓜，一人坐在陽台上獨自乘涼，口銜煙斗，若吃菸，若不吃菸。看前山慢慢沉入夜色的朦朧裡，下面天母燈光閃爍，若無所思。不亦快哉！」

林語堂抽菸始於何時？不可考，但估計在他主編《論語》雜誌時就開始了，在這本半月刊上，常常有他寫菸的文章，談菸的掌故，菸的由來等等，尤其寫到佩服的清朝大學士《四庫全書》總編纂紀曉嵐一直帶在身旁的特大煙袋，林語堂是不會忘記提及的，我猜想他的抽菸可能師承紀曉嵐，飯後一支菸，賽過活神仙。

林語堂對於菸文化的理解已然不是抽菸，而是一門菸學了，他在一九三七年出版的《生活的藝術》一書，就有提及〈煙和香〉、〈我的戒煙〉，專門論述抽菸與戒菸的考證。這本書後來成了《紐約時報》的暢銷書，五十二週奪冠，林語堂宣稱「我的散文都是由尼古丁構成的」。

據說林語堂在寫作《京華煙雲》時煙斗不離口，煙霧瀰漫似乎帶給他無比的靈感，才能說出幽默妙句：「口含煙斗者是最合我意的人，這種人都較為和藹，較為懇切，較為坦白，又大都善於談天。」他說：「煙斗從哲學家的口中引出智慧，也封閉愚拙者的口，使他緘默；它能產生沉思的，富有意思的、仁慈的和無虛飾的談天風格。」最重要的一點是「口含煙斗的人都是快樂的」。

「手中拿了煙斗，雙腿擱在椅上，讓菸草慢慢地均勻地燒著」，他認為是真快樂的時候。我懂了，每一個人的收藏也許都有各自不同的理解，有人是坐擁奇珍，祕不示人，享受獨有的自我陶醉；也有人想當個聲名遠播的大家，獲取眾星拱月般尊敬的榮耀；而我要的便很單純了，只想在齋室燈光下獨自把玩，從中領略鑑賞的愉悅。

或許這便是佛洛依德所相信的，書寫本身其實也是作家自己的心理治療，我某種程度同意這種說法，在我寫完這本書後，某些隱諱不明的人生糾結，也澈底亮了光，更加清楚想要、該要、必要、需要與重要不重要之間的關係，並且找著了平衡點，人生百年爾爾，一生下來便註定有三千煩惱絲的日子，圖一個快意自在才是最好的地圖吧！

綠蠹魚叢書 YLH 29
慢活出滋味

作者｜游乾桂
副總編輯｜陳莉苓
校對 ｜袁中美
封面設計｜黃淑雅
行銷｜陳苑如
部分圖片提供｜陳瓔瑛

發行人｜王榮文
出版發行｜遠流出版事業股份有限公司
100 臺北市南昌路二段 81 號 6 樓
郵撥｜ 0189456-1
電話｜ 2392-6899　傳真｜ 2392-6658
著作權顧問｜蕭雄淋律師

2019 年 4 月 1 日 初版一刷
2020 年 10 月 1 日 初版二刷
售價新台幣 360 元（缺頁或破損的書，請寄回更換）

ISBN ｜ 978-957-32-8488-8（平裝）

YLib.com 遠流博識網
http://www.ylib.com　E-mail ylib@ylib.com

國家圖書館出版品預行編目

慢活出滋味 / 游乾桂著 ..
初版 . -- 臺北市 : 遠流，2019.4　面；　公分 . --（綠蠹魚叢書；YLH29））

ISBN 978-957-32-8488-8（平裝）

191.9　　108003260